Mobilität statt Exodus

Thomas Faist · Tobias Gehring ·
Susanne U. Schultz

Mobilität statt Exodus

Migration und Flucht in und aus Afrika

Springer VS

Thomas Faist
Fakultät für Soziologie, Universität
Bielefeld, Bielefeld, Deutschland

Tobias Gehring
Fakultät für Soziologie, Universität
Bielefeld, Bielefeld, Deutschland

Susanne U. Schultz
Fakultät für Soziologie, Universität
Bielefeld, Bielefeld, Deutschland

ISBN 978-3-658-33350-8 ISBN 978-3-658-33351-5 (eBook)
https://doi.org/10.1007/978-3-658-33351-5

Die Deutsche Nationalbibliothek verzeichnet diese Publikation in der Deutschen Nationalbibliografie; detaillierte bibliografische Daten sind im Internet über http://dnb.d-nb.de abrufbar.

Planung/Lektorat: Cori Antonia Mackrodt
Springer VS ist ein Imprint der eingetragenen Gesellschaft Springer Fachmedien Wiesbaden GmbH und ist ein Teil von Springer Nature.
Die Anschrift der Gesellschaft ist: Abraham-Lincoln-Str. 46, 65189 Wiesbaden, Germany

Inhaltsverzeichnis

Abkürzungsverzeichnis

AfDB	Afrikanische Entwicklungsbank/African Development Bank
AU	Afrikanische Union
BAMF	Bundesamt für Migration und Flüchtlinge
BMZ	Bundesministerium für Wirtschaftliche Zusammenarbeit und Entwicklung
CIGEM	Center for Migration Management and Information/ Centre d'information et Gestion des Migration
COMCAD	Center on Migration, Citizenship and Development
ECOWAS	Economic Community of West African States
EPA	Economic Partnership Agreements
EU	Europäische Union
GAMM	Global Approach to Migration and Mobility
IDP	Internally Displaced Persons
ILO	International Labour Organization/Internationale Arbeitsorganisation
IOM	International Organization for Migration
PRS	Protracted Refugee Situation
SEZ	Special Enterprise Zones
SRS	Self Reliance Strategy
UEMOA	Union Economique et Monetaire Ouest Africaine
UNHCR	United Nations High Commissioner for Refugees

Abbildungsverzeichnis

1 Einführung – Ein Kontinent in Bewegung

Gemeinhin gilt Afrika in der wissenschaftlichen Betrachtung und in den Reportagen der Massenmedien als „Kontinent in Bewegung" (Tetzlaff 2019) – Bewegung vor allem in Richtung Europa. Dabei ist die öffentliche Diskussion von zwei Fehlannahmen geprägt. Die erste davon besagt, dass ein hohes Bevölkerungswachstum in Afrika quasi automatisch höhere internationale Migration in den angrenzenden europäischen Kontinent auslösen würde. Es ist gar von einem „Ansturm auf Europa" (Smith 2018) die Rede. Die zweite häufig anzutreffende Fehlannahme geht davon aus, dass Migration und Flucht in und aus Afrika vorwiegend ein Resultat von Armut, gewaltsamen Konflikten und Umweltzerstörung sei (vgl. aber Braunsdorf 2016 und Crawley et al. 2018). Beides lässt sich mit den vorliegenden Fakten nicht vereinbaren.

Bevölkerungswachstum und Migration

Im Hinblick auf die erste Behauptung wird in Bevölkerungsprognosen in der Regel davon ausgegangen, dass die Bevölkerung auf dem afrikanischen Kontinent von derzeit ca. 1,2 Mrd. Menschen bis 2050 auf 2,5 Mrd. wachsen wird. Sie wird dann ihren Anteil an der Weltbevölkerung verdoppeln und ca. 20 % betragen. Die Afrikanische Entwicklungsbank (AfDB) rechnet damit, dass bis zum Jahr 2030 etwa 295 Mio. junge Menschen auf die Arbeitsmärkte der afrikanischen Länder drängen. Das entspräche einem Wachstum der Bevölkerung im arbeitsfähigen Alter um 40 %. Derzeit, so die AfDB, entstünden in Afrika aber nur 12 Mio. neue Arbeitsplätze pro Jahr. Somit könnten 2030 bis zu 100 Mio. junge Menschen arbeitslos sein. Schon jetzt liege die Arbeitslosigkeitsquote in Afrika bei 28 % (AfDB 2019 und 2020). Dennoch ist ein daraus direkt abgeleiteter und bevorstehender Massenansturm auf Europa eine Hiobsbotschaft, die von der seriösen Bevölkerungswissenschaft nicht geteilt wird (Héran 2018). Jetzt schon bleiben die

T. Faist et al., *Mobilität statt Exodus*,
https://doi.org/10.1007/978-3-658-33351-5_1

Migrationsanteile hinter dem Bevölkerungsanteil zurück: Während Afrika 16 % der Weltbevölkerung aufweist, bringt der Kontinent nur 14 % der Migranten[1] hervor. In der Tat hat sich die absolute Zahl an internationalen Migranten von etwa 16,3 Mio. im Jahre 2000 auf ca. 23,9 Mio. im Jahr 2015 erhöht. Allerdings blieb der Anteil an der Gesamtbevölkerung stabil. Mit etwa 2,5 % in den Jahren 2000 bis 2015 liegt sie noch niedriger als im Jahre 1990 mit 3,2 % – und geringer als der Anteil von allen Migranten an der Weltbevölkerung, die 2015 bei ca. 3,3 % lag (Carbone 2017). Wichtig ist also die Beobachtung, dass aus einem hohen Migrationspotential nicht schon automatisch ein hohes tatsächliches Migrationsaufkommen resultiert (Faist 2000a).

Ganz unter der Hand wird dabei sehr allgemein von Afrika gesprochen. Problematisch daran ist nicht nur, dass die Vielfalt dieses Kontinents dabei in Vergessenheit gerät (Flahaux und de Haas 2016, S. 2). Aus dem Blick gerät schnell, dass die vorliegenden Daten auf eine viel spannendere Erzählung verweisen: Migration vollzieht sich vorwiegend intra-afrikanisch. Mobilität in und aus Afrika ist dabei Teil weltweiter Migrationsbewegungen (Abb. 1.1). Mehr als die Hälfte der weltweit 36,6 Mio. Migrantinnen und Migranten aus Afrika lebte im Jahr 2017 in einem anderen afrikanischen Land (SVR 2020, S. 9, 15–18). Und fast 90 % der Migranten stammen aus Nachbarländern; das heißt, ein Großteil der Migration bleibt innerhalb der Region. In Westafrika sind das gut zwei Drittel aller 9 Mio. Migranten (ebd., S. 20). Südafrika und Côte d'Ivoire sind die beiden beliebtesten Einwanderungsländer in Afrika, gefolgt von Kenia, Nigeria und Äthiopien. So verwundert es nicht, dass etwa 80 % der Migranten aus Subsahara-Afrika in Libyen keinerlei Absichten hegen, nach Europa weiterzuwandern. Es handelt sich vorwiegend um Personen, die zirkulär migrieren und Arbeit in Nordafrika suchen (Molenaar und El Kamouni-Janssen 2017). Erst etwa seit den 1980er Jahren beobachten wir eine verstärkte Emigration nach Europa, Nordamerika, den Golfstaaten und in ausgewählte asiatische Länder wie China. Etwa ein Sechstel, d. h. 8,9 Mio. der in der Europäischen Union (EU) lebenden Migranten sind aus Afrika (Antil et al. 2016).

Wichtig ist also, dass die Migration zwischen den Ländern Afrikas die interkontinentale Migration (Tab. 1.1) übertrifft; ganz zu schweigen von der noch viel höheren Binnenmigration innerhalb der Länder Afrikas. Diese Aussage gilt auch heute noch, obwohl die Migration aus Afrika in die übrige Welt zwischen 1960 und 2000 stark anstieg. Auch nicht vergessen werden sollte, dass Afrika zudem

[1] Aus Gründen der Lesbarkeit wird auf die Darstellung der weiblichen Form verzichtet. Im Folgenden impliziert die männliche Form jedoch stets die gleiche Berücksichtigung der weiblichen Form.

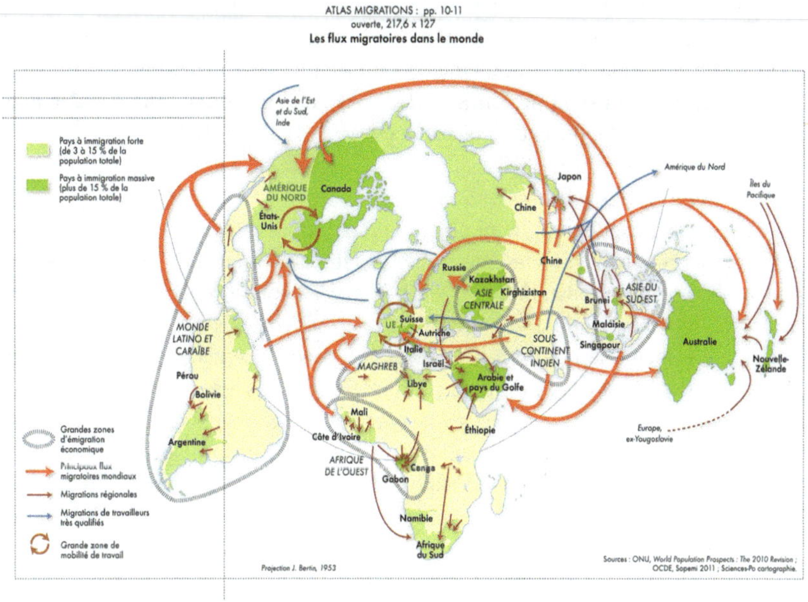

Abb. 1.1 Globale Migrationsbewegungen. (Quelle: Withol de Wenden 2018)

Tab. 1.1 Migranten (Bestand) aus, nach und innerhalb von Afrika

	Aus Afrika in den Rest der Welt	Aus dem Rest der Welt nach Afrika	Innerhalb Afrikas
1960	1,830,776	2,811,930	6,176,385
1980	5,418,096	1,872,502	7,966,359
2000	8,734,478	1,532,746	10,500,00

Quelle: Global Bilateral Migration Base, https://datacatalog.worldbank.org/dataset/global-bilateral migration database; für weitere Daten siehe u. a. https://mo.ibrahim.foundation/sites/default/files/2020-05/2019-forum-report_0.pdf

als Immigrationskontinent fungiert, früher durch die Kolonialmächte, früher und heute etwa durch Fachkräfte aus dem indischen Subkontinent[2] in Ost-, West-

[2]Im 19. Jahrhundert wanderten aus Indien Arbeitskräfte für den Eisenbahnbau in den britischen Kolonien Ostafrikas ein (https://en.wikipedia.org/wiki/Uganda/_Railway#Workers).

und dem südlichen Afrika, aber auch Immigration aus China, etwa im Rahmen der „Belt and Roads Initiative" (Giese und Marfaing 2016; Mohan et al. 2014; Chatzky und McBride 2020). Außerdem spielt Reintegration angesichts der hohen Zahl an Rückkehrern sowohl von außerhalb Afrikas in afrikanische Länder und von einem afrikanischen Land in ein anderes eine wichtige Rolle.

Armut: kein direkter Migrationstreiber

Was die zweite Behauptung, nämlich die von Armut als Hauptursache internationaler Migration betrifft, so lässt sie sich ebenfalls nicht belegen. Armut wirkt im Gegenteil eher migrationsmindernd, weil gerade Migration über längere Distanzen erhebliche finanzielle Ressourcen erfordert. Eher müssen die Treiber von Migration in sozio-ökonomischer Entwicklung und in sozialer Transformation gesehen werden. Das bedeutet, dass es zum Verständnis von (grenzübergreifender) Mobilität wichtig ist, genauer die vermehrten Möglichkeiten und gestiegenen Aspirationen von Personen als Resultat von sozialer Transformation zu analysieren. Schließlich ist der Trend unverkennbar: Etwa die Hälfte der 20 am schnellsten wachsenden Volkswirtschaften liegen in Afrika (ze.tt 2017; vgl. AfDB 2020).

All diese Beobachtungen sprechen gegen die oft geäußerte These, Afrika sei durch einen Exodus geprägt (Collier 2014). Denn Migration innerhalb Afrikas ist quantitativ höher als interkontinentale Migration aus Afrika heraus (s. a. Abb. 1.2); abgesehen davon, dass es viele kurzfristige und saisonale Mobilität über Grenzen hinweg gibt, die laut UN-Definition in offiziellen Statistiken nicht als Migration kategorisiert wird. Für Migration in und aus Westafrika – schon historisch als eine der mobilsten Regionen in Afrika bekannt (Adepoju 2005) – gilt beispielsweise, dass mit Ausnahme von Kap Verde nur ein sehr geringer Teil der Bevölkerung westafrikanischer Staaten nach Europa und in andere OECD-Länder migriert (Boyer 2017, S. 31). Für die Westafrikaner, die nun nach Europa wandern, ist seit über einem Jahrzehnt neben Italien, Spanien, Großbritannien, Frankreich, den Niederlanden und Portugal auch Deutschland für die Aufnahme und Verteilung von Geflüchteten eine wichtige Destination (de Haas 2007, S. 33). Diese Migranten stammen vor allem aus Nigeria, während Ostafrikaner insbesondere aus Somalia und Eritrea kommen (BAMF 2020, Bundesamt für Migration und Flüchtlinge). Die Richtungen von Migration aus Afrika sind divers: Interkontinentale Migration aus Afrika heraus geht nicht nur nach Europa, sondern auch in die Golfstaaten, zunehmend nach China (Gordon 2016) und nach Süd- und Nordamerika.

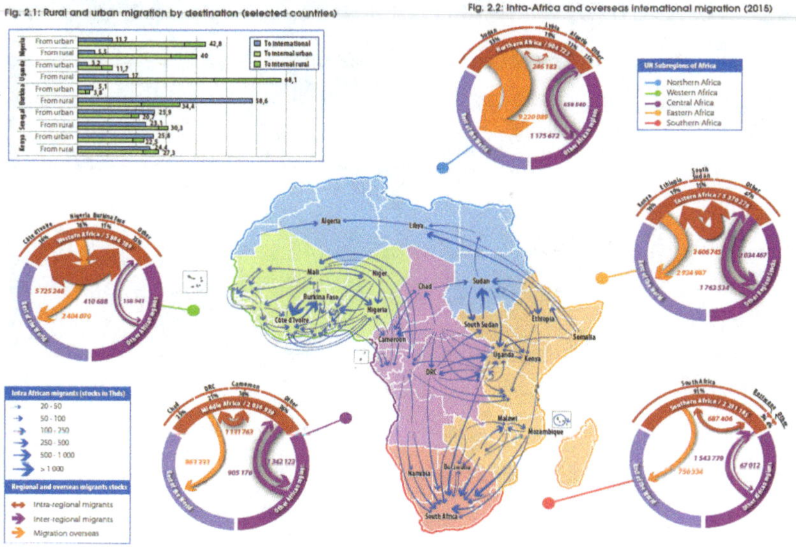

Abb. 1.2 Migrationsbewegungen in und aus Subsahara-Afrika. (Quelle: Mercandalli 2017, S. 23)

Geschichtlicher Kontext von Migration

Die gegenwärtigen Migrationsbewegungen in, aus und nach Afrika sind vor dem Hintergrund einer langwährenden Migrationsgeschichte zu sehen, die nicht nur Tausende sondern Millionen von Jahren zurückreicht. Schon vor sechs Mio. Jahren verließen die Vorfahren des heutigen homo sapiens den tropischen Regenwald in Afrika und gingen in die Savannen. Sie nutzten einen neuen Lebensraum und entwickelten den aufrechten Gang. Allerdings war das ein langsamer Prozess. Erst vor zwei Mio. Jahren verließen sie Afrika (Schrenk 2016). Aus Afrika heraus gab es vier mögliche Routen. Die erste führte über Gibraltar mit floßartigen Gefährten über die Meerenge auf die Iberische Halbinsel. Die zweite ging über Inseln ins heutige Süditalien, dort finden sich 1,4 Mio. Jahre alte Werkzeuge. Die dritte Route führte über das heutige Israel und die Levante und die vierte über die arabische Halbinsel in den Kaukasus und Richtung Südostasien (Abb. 1.3). In der weiteren Geschichte ist die Bantu-Ausbreitung in Afrika vor ca. 3000 Jahren zu erwähnen. In der Neuzeit trug die Sklaverei, seit dem 17. Jahrhundert auch nach Übersee, zu größeren Bevölkerungsbewegungen bei; genauso wie die Zwangsumsiedlungen durch die europäischen Kolonialmächte Großbritannien,

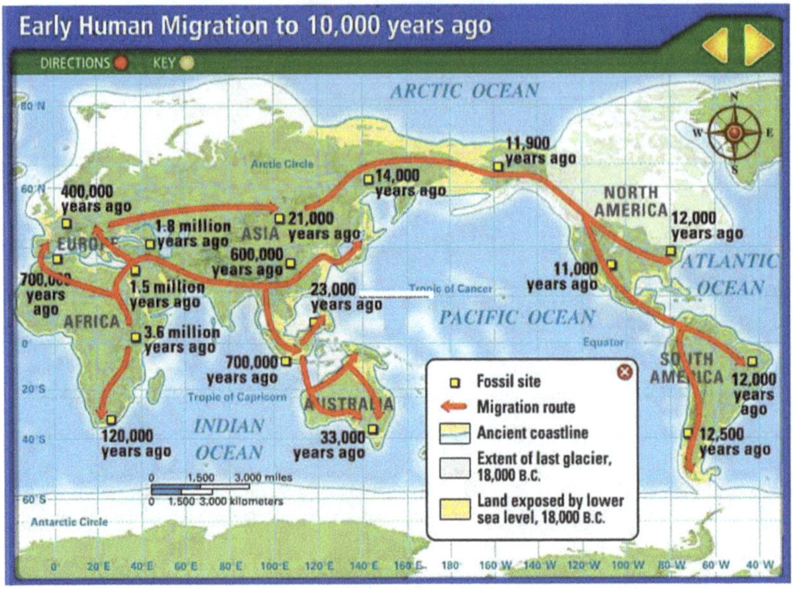

Abb. 1.3 Frühe menschliche Migration. (Quelle: https://www.crystalinks.com/migration human.html)

Frankreich, Belgien, Italien, Portugal und Deutschland. Dabei ging es u. a. um Arbeitskräfte für Plantagen in Côte d'Ivoire oder im Bergbau in Südafrika und Infrastrukturprojekte, z. B. der Eisenbahnbau von Uganda nach Tansania.

Aufbau des Buchs

Die folgenden Kapitel geben einen Überblick zu den wichtigsten Aspekten von Migration und Flucht in und aus Afrika. Das zweite Kapitel behandelt ganz grundlegend Ursachen und Treiber von grenzübergreifender und interner Migration und Mobilität. Wichtig ist dabei, dass neben klaren Fällen erzwungener Migration vor allem das Verhältnis von Gelegenheiten zu räumlicher Mobilität einerseits und sozialen Aspirationen andererseits entscheidend ist. Das dritte Kapitel verschafft einen Überblick über Fluchtbewegungen in Afrika und differenziert u. a. nach regionalen Gesichtspunkten. Bedeutsam ist für die Darstellung, dass die überwiegende Mehrheit aller Geflüchteten in der Region verbleibt, selbst wenn es sich dabei um grenzübergreifende Flucht handelt. Im vierten Kapitel geht es um eine häufig vernachlässigte Dimension von räumlicher Mobilität und Fluchtmigration, nämlich Binnenmigranten und Binnenvertriebene. Leitend ist die Erkenntnis, dass Mobilität und nicht Sesshaftigkeit der zentrale Ausgangspunkt ist, um diese Prozesse zu verstehen. Im fünften Kapitel ruht das Augenmerk auf Prozessen der Integration von Migranten in afrikanischen Ländern. Hier steht der Fall Südafrikas als einem der wichtigsten Zielländer in Afrika im Mittelpunkt. Diese Darstellung verlangt besondere Aufmerksamkeit, da zentrale Konzepte der Integrationsforschung in der Regel für Nordamerika und Europa entwickelt wurden und nicht umstandslos auf afrikanische Verhältnisse Anwendung finden können. Das sechste Kapitel beschreibt die gegenwärtigen Politiken der afrikanischen Regierungen im Hinblick auf Migration und Flucht. Im siebten Kapitel werden zwei zentrale Entwicklungen der Migrationskontrolle aufgegriffen, Externalisierung aus Europa hinein nach Afrika und Versicherheitlichung von Migration. Beides sind auch globale Trends. Ein wichtiger nichtintendierter Effekt von Externalisierung ist, dass dadurch Migrationen illegal werden. Dies bedeutet, dass die Interventionen das Phänomen erst schaffen bzw. zumindest verstärken, das es laut politischen Deklarationen zu bearbeiten gilt. Das abschließende achte Kapitel behandelt politische Lösungen auf die offenen Fragen der Steuerung von Migration. Insbesondere adressiert dieses Kapitel Migration als Entwicklungsinstrument und Fluchtmigration am Beispiel von zwei Vorschlägen aus der Sozialwissenschaft, einem ökonomisch ausgerichteten Ressourcenansatz und einem auf politische Autonomie von Flüchtlingen zielenden Rechteansatz.

Migration: Treiber und Dynamik von grenzübergreifender Mobilität

2

Wenn Armut nicht die Hauptursache für Migration ist, was sind dann die Treiber? Die empirische Forschung hat nachgewiesen, dass es nicht die Ärmsten der Armen sind, welche die Grenzen in Richtung Europa überqueren (Ahmed 1997; de Haas 2007). Dies hängt auch schlicht und einfach mit der Anforderung zusammen, dass neben Informationen über Routen und Ziele in der Regel auch beträchtliche finanzielle Ressourcen in Höhen von mehreren Tausend Euro notwendig sind.

Migrationsmotive

Die Motive für Wanderung können in vier Hauptkategorien geordnet werden, die einander nicht ausschließen und in der Regel zusammenwirken. Erstens kann Migration der Optimierung von materiellen Ressourcen wie Einkommen dienen. Diese These wird insbesondere von der ökonomischen, insbesondere neoklassischen Theorie vorgetragen (u. a. Todaro 1970). Ihr liegt die Annahme zugrunde, dass verlässliche Informationen etwa zu Einkommensunterschieden vorliegen und Menschen versuchen ihr Einkommen zu optimieren, indem sie in Regionen mit höherem Einkommen wandern. Zweitens kann Migration dem Management von Risiken dienen, also etwa für bäuerliche Familien auf dem Lande, um das entgangene Einkommen aus Ernteausfällen zu kompensieren. Darauf hat insbesondere die „New Economics of Labor Migration" hingewiesen (Stark 1991). Die Konstellationen, in denen diese Motivlage auftritt, sind dadurch gekennzeichnet, dass es für die meisten Risiken in der Landwirtschaft in den Ländern des globalen Südens[1] keine formale Versicherung gibt. Gerade saisonale

[1] Es wäre voreilig und unproduktiv, die Begriffe „globaler Süden" und „globaler Norden" rein geographisch zu verstehen. Bspw. gibt es derzeit auch einen globalen Süden in Europa, etwa wirtschaftlich periphere Regionen in Bulgarien oder Rumänien. Das Begriffspaar verweist

T. Faist et al., *Mobilität statt Exodus*,
https://doi.org/10.1007/978-3-658-33351-5_2

Migration in angrenzende Regionen und Staaten, ob nun in Minen oder wiederum in der Landwirtschaft, dient daher als eine Art informelle Versicherung. Drittens kann Migration darauf abzielen, soziale Bindungen aufrechtzuerhalten. Dieser Ansatz baut auf der Sozialkapital-Theorie auf, die in Ressourcen, die durch soziale Bindungen mobilisiert werden, entscheidende Voraussetzungen für soziale Ordnung sieht; auch auf der Ebene von Familien. Soziales Kapital ist nicht an sich mobil und daher nicht leicht über Grenzen transferierbar, kann aber durch Migrationsnetzwerke und Institutionen mobil werden (Faist 2000a, S. 102–123). Familienzusammenführung ist auch bei Migration aus Afrika nach Europa eine der wichtigsten rechtlichen Kategorien, neben Arbeitsmigration und Flucht bzw. Asyl (Grote 2017). Viertens kann Migration aus der Vermeidung von Gefahr resultieren. Hierbei handelt es sich häufig um *forced migration*[2], also um erzwungene Migration bzw. Zwangsmigration, der vor allem physische Gewalt wie in Bürgerkriegen oder strukturelle Gewalt wie in Wirtschaftskrisen zugrunde liegt (Zolberg et al. 1989). Dabei sollte nicht vergessen werden, dass auch andere Typen von Migration selten völlig freiwillig sind, Selbst Arbeitsmigration beruht oft auf Zwängen und Notlagen.

Es ist sinnvoll zwischen Ursachen und Treibern von Migration zu unterscheiden. Zu den Ursachen sind die ungleiche Verteilung von Lebenschancen in vielen Teilen der Welt, aber auch in den Emigrationsregionen selbst, Umweltzerstörung oder etwa die jeweilige Bevölkerung unterdrückenden politischen Regime zu zählen (Faist 2019). Diese bilden also die ursächlichen Kontexte. Treiber sind im Unterschied dazu akute politische und wirtschaftliche Krisen, Regimewechsel oder Dürren bzw. Überschwemmungen, die direkt dazu beitragen, Personen zur

---

auf die Machtungleichgewichte – ökonomisch, politisch und kulturell – zwischen und innerhalb von Weltregionen. In der Regel müssen diese Begriffe von Differenzierungen begleitet werden, die angeben, welcher Aspekt beleuchtet werden soll, z. B. Emigrationsregionen mit geringem Grad an sozio-ökonomischer Entwicklung, gemessen am Index der menschlichen Entwicklung (Human Development Index, HDI). Damit können vorschnelle Homogenisierungen vermieden werden, die allen dichotomen Kategorisierungen zugrunde liegen: globaler Süden/globaler Norden, entwickelte/weniger entwickelte Staaten usw. Es geht also darum, im Einzelfall die Diversität der betrachteten Weltregionen zu beachten.

[2] „'Forced migration' refers to the movements of refugees and internally displaced people (displaced by conflict) as well as people displaced by natural or environmental disasters, chemical or nuclear disasters, famine, or development projects." (*Forced Migration Review*, https://www.fmreview.org) Man könnte erzwungene Migration als einen Oberbegriff sehen, der vielfältige Formen von struktureller und physischer Gewalt zugrunde liegen und Fluchtmigration im Sinne der Genfer Flüchtlingskonvention (1951) und des dazugehörigen Protokolls (1967) als einen speziellen Fall, in dem Personen aufgrund von Verfolgung wegen Zugehörigkeit zu sozialen Kategorien wie Religion, „Rasse", Nationalität und Gruppenzugehörigkeit wandern (müssen).

Migration zu mobilisieren. Zu den Treibern gehören auch die Anwerbung von Arbeitskräften über Agenturen (Gammeltoft-Hansen und Nyberg Sorensen 2013) und Migrationsnetzwerke, die häufig die finanziellen, sozialen und psychischen Kosten von Wanderung senken (Massey et al. 1993).

Die Ursachen und Treiber können also vielfältig sein, und in der Regel spielen in jeder Migrationsentscheidung verschiedene Faktoren zusammen (Aksakal 2020). So führen etwa Umweltveränderungen wie der Anstieg des Meeresspiegels in Küstenregionen oft nicht allein zur Emigration. Auch Migranten in anderen Teilen der Welt, so etwa Personen, die von der vom Untergang bedrohten Insel Tuvalu im Pazifik nach Neuseeland ausgewandert sind, betonen eher die besseren wirtschaftlichen Möglichkeiten im Immigrationsland als die ökologische Bedrohung als Migrationsmotiv (Shen und Gemenne 2011). Dennoch gilt es, ökologische Faktoren mit einzubeziehen. So war etwa in den westafrikanischen Sahelländern Mali und Senegal die ländliche Bevölkerung seit den starken Dürreperioden in den 1970er und 1980er Jahren darauf angewiesen, ihre Ernährung durch saisonale und zunehmend längere regionale als auch internationale Migrationen sicher zu stellen. Trotz heute stark schwankender klimatischer Bedingungen sind es hauptsächlich wachsende Einkommen, zunehmende Bildung, lang etablierte soziale Netzwerke und multilokale Haushalte und steigende Aspirationen, die Migration in Gang setzen, verstetigen und auch verstärken (u. a. Hummel 2014, S. 54–57).

Sozio-ökonomische Transformation

Viel mehr als Mangel – der sicherlich bei Katastrophen und gewaltsamer Vertreibung als Treiber gelten kann – ist es der zu höheren Lebenschancen führende sozio-ökonomische Wandel, der systematisch Mobilität und Immobilität ermöglicht und strukturiert. So ist etwa festzustellen, dass internationale Migration insbesondere aus den Ländern zu beobachten ist, die eine sozio-ökonomische und politische Transformation der Lebensverhältnisse durchlaufen. Als Beispiele lassen sich die Türkei, Mexiko und die Philippinen von den 1960er Jahren bis zu Anfang des 21. Jahrhunderts nennen. Inzwischen fallen auch Länder wie etwa Nigeria und Kenia in diese Kategorie. Diese allgemeinen Bedingungen müssen allerdings immer in den spezifischen historischen und regionalen Kontext gestellt werden. Die europäische Überseemigration in der zweiten Hälfte des 19. Jahrhunderts konnte in Siedlerkolonien wie USA, Kanada, Südafrika oder Australien geleitet werden – der „Bevölkerungsüberschuss“ in Europa konnte also quasi in großem Umfang nach Übersee exportiert werden. Dies ist in den Staaten, die heutzutage eine demografische Transition (Zelinsky 1971) durchlaufen, nicht einmal näherungsweise möglich. Ein solcher demografische Wandel bedeutet einen

Anstieg der Lebenserwartung bei gleichzeitig steigenden bzw. zumindest nicht abnehmenden Geburtenraten und sinkender Säuglingssterblichkeit – bis schließlich auch die Geburtenraten sinken und die Bevölkerung weniger schnell bzw. gar nicht mehr wächst oder gar rückläufig ist. In Afrika befinden sich unter den Ländern, die eine derartige demografische Transition durchlaufen, etwa Nigeria, Senegal, Ghana und Kenia. Dass es für viele Länder unmöglich ist, die demografische Transition durch Emigration abzufedern, liegt u. a. in der gestiegenen Fähigkeit von Immigrationsstaaten des globalen Nordens Migration zu begrenzen und zu kontrollieren.

Dynamik von Migration

Transnationale Migrationsprozesse zeigen einen eigendynamischen (endogenen) Verlauf. Als Ausgangspunkt lässt sich festhalten: Während Arme auch migrieren, wandern sie aber weniger häufig und über kürzere Distanzen hinweg. Hingegen sind in grenzübergreifender Migration Höherqualifizierte und damit Angehörige besser gestellter sozialer Klassen überrepräsentiert. Kommen transnationale Migrationsprozesse erst einmal in Gang, so kann dafür notwendiges finanzielles Kapital durch soziales Kapital, d. h. soziale Bindungen und ihnen innewohnenden Ressourcen wie Reziprozität und Solidarität, teilweise ersetzt werden. Netzwerke unter Migranten in Verwandtschaftsgruppen können als Quelle für soziales Kapital wirken, indem etwa Pioniermigranten spätere Migranten bei der Finanzierung der Migration unterstützen und in den Anfangsphasen im Immigrationsland Ressourcen zur Beschaffung von Wohnraum oder einen Arbeitsplatz unterstützen. In Beschleunigungsphasen der Migration können auch Halter geringen finanziellen Kapitals wandern – idealtypisch bis hin zum Abflachen, wenn alle Migrationswilligen ihre Absicht umsetzen konnten (Faist 2000a: 143–194).

Auch makrostrukturell lassen sich Effekte im Rahmen von sozialer Transformation beschreiben, die mit wirtschaftlicher Entwicklung einhergehen. So sind die höchsten Emigrationsquoten in der Regel in den Ländern zu beobachten, die ein schnelles Wirtschaftswachstum durchlaufen, während in der Phase zuvor und der Phase danach die Emigrationsquoten wiederum niedriger sind. Dieses Muster des Zusammenhangs von wirtschaftlicher Entwicklung und Emigration ist gegenwärtig in Afrika etwa im Falle von Nigeria und Kenia zu beobachten. Aus wirtschaftlich ärmeren Ländern wie Tschad und dem Niger migrieren demgegenüber viel weniger Menschen nach Europa. Es entsteht ein typisches Muster eines umgekehrten U (Abb. 2.1 für globale Entwicklungen): Emigration steigt bei zunehmendem Pro-Kopf-Einkommen zuerst an, bevor sie dann bei relativ hohem Durchschnittseinkommen wieder fällt. Am höchsten ist die Emigrationsquote derzeit bei Einkommen um ca. US $ 5000. Für den Zusammenhang

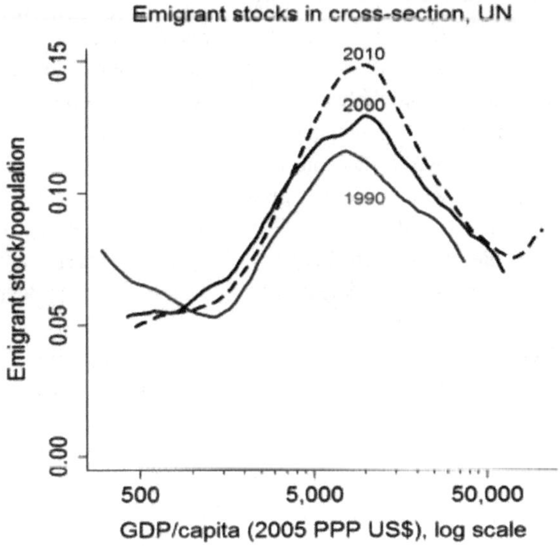

Abb. 2.1 Umgekehrtes U-Muster der Migration. (Quelle: Clemens 2014, S. 155)

von wirtschaftlicher Entwicklung, Emigration und Immigration ist bis dato ein einfaches Muster beobachtbar, nämlich des parallelen linearen Anstiegs von wirtschaftlicher Entwicklung und Immigration, während Emigration über den Verlauf hin wiederum abnimmt.

Migration als relative Deprivation

Aus der Makroperspektive gesehen sind Migrationsprozesse aber nicht rein ökonomisch determiniert, sondern sie werden auch durch politische Rahmenbedingungen wie Auswanderungskontrollen und Anwerbung durch Immigrationsländer bestimmt. Es sind dabei beileibe nicht nur die Möglichkeiten und Restriktionen für grenzübergreifende Migration, die eine Rolle spielen. Vielmehr ist es das Zusammenspiel dieser Möglichkeiten und der Hoffnungen und Erwartungen potenzieller Migranten (Aspirationen), welche ein grundlegendes Element von Migrationsdynamik bilden. Es sind die Immigrations- und Emigrationspolitiken der Einwanderungs-, Transit und Auswanderungsländer und die Aspirationen von potenziellen Migranten, die Vorstellungen von einem guten Leben umzusetzen, die für weite Teile von grenzübergreifender Mobilität entscheidend sind. So schaffen etwa Anwerbepolitiken von Immigrationsstaaten Erwartungen in potenziellen und aktuellen Herkunftsländern. Es wird häufig ein Prozess relativer Deprivation in Gang gesetzt, auch Tocqueville-Effekt genannt (Faist 2007). Dieser besagt, dass Erwartungen bzw. Aspirationen von Personen in der Regel schneller steigen als die Gelegenheit, Möglichkeiten wie Migration wahrzunehmen. Dieser Mechanismus impliziert, dass gelungene Migration häufig auf die Herkunftsregionen in der Weise zurückwirkt, dass die regulären bzw. offiziellen Gelegenheiten für Migration weniger schnell steigen als die Erwartungen, daran teilzuhaben. Kommen solche Prozesse erst einmal in Gang, oft beschleunigt durch Migrationsnetzwerke, welche die finanziellen Kosten von Migration senken, dann steigen die Erwartungen schneller als in den Situationen, in denen gar keine oder nur wenige Gelegenheiten vorhanden waren bzw. sind.

Weiter gedacht bedeutet relative Deprivation in der Migration auch, dass in diesen Konstellationen illegale Migration eine Folge von Prozessen sein kann, die durch legale Möglichkeiten der Migration erst ausgelöst werden. Was als illegale und manchmal als irreguläre Migration bezeichnet wird – nämlich der Grenzübertritt ohne gültige offizielle Dokumente oder das Überschreiten von Fristen, die für den Aufenthalt in einem anderen Land von diesem gewährt wurden – ist also nicht nur ein Effekt von immer restriktiver werdender Kontroll- und Immigrationspolitiken, sondern liegt auch in Eigendynamiken von Migrationsprozessen begründet.

All diese Überlegungen beziehen sich auf die interne bzw. endogene Dynamik von Migrationsbewegungen. Was aber, wenn externe Faktoren Migration entscheidend beeinflussen? Dabei spielen oft wirtschaftliche Faktoren, aber auch politische Entwicklungen wie Revolutionen, Regimewechsel und Verfolgung bestimmter Gruppen eine Rolle (Zolberg et al. 1989).

Ein Beispiel für die Bedeutung wirtschaftlicher und politischer Faktoren und ein dadurch bestimmtes Migrationsregime ist in Westafrika zu finden. Durch die Westafrikanische Wirtschaftsgemeinschaft (*Economic Community of West African States,* ECOWAS) wuchs die regionale Migration seit den 1970er Jahren stetig an (Abb. 2.2). Vertraglich bzw. in der Theorie besteht Reisefreiheit zwischen den ECOWAS-Staaten, auch wenn dies in der Praxis nur begrenzt umgesetzt wird, etwa für Reisen zwischen direkt benachbarten Staaten (Fresia 2014). Darüber hinaus werden Aufenthalt und Arbeitserlaubnisse im Rahmen der Versicherheitlichung von grenzübergreifender Mobilität zunehmend engmaschig staatlich kontrolliert (siehe Kap. 6). Die höchsten Migrationsquoten gibt es zwischen Senegal und Mali, Burkina Faso und Côte d'Ivoire, am Golf von Guinea sowie in der Sahelzone. Seit den 1990er Jahren ist das Anwachsen der Land-Land-Migration *(rural-rural)* – eben gerade nicht nur in die Städte – zu beobachten. Ein typisches Beispiel hierfür aus einem anderen Teil Afrikas ist auch Sambia, wobei

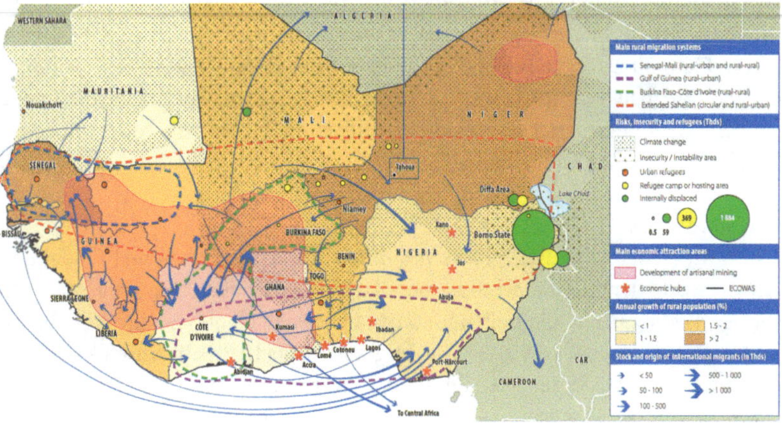

Abb. 2.2 Migrationsbewegungen in Westafrika. (Quelle: Boyer 2017, S. 31)

sich zirkuläre Migration erhöht hat (Girard und Chapoto 2017, S. 34). Diese Art von temporärer Migration, oft auf einige Monate beschränkt, ist durch die periodische Rückkehr in den Ursprungsort gekennzeichnet. Zirkuläre Migration basiert u. a. auf starken Land-Stadt-Netzwerken, auf der Migrationsgeschichte etwa im Hinblick auf Arbeit in Minen und einer besseren physischen und virtuellen Infrastruktur. Gerade auch die ärmsten Haushalte in ländlichen Räumen greifen auf diese Form der Mobilität zur Existenzsicherung zurück. Dabei zeichnen sich typische Problemlagen ab (Boyer 2017, S. 30). Demografischer Druck und die Zerstörung von Land durch Monokulturen und Landraub führen u. a. dazu, dass der Zugang zu lokalen Ressourcen und Nahrungsmittelsicherheit dramatische Einbrüche erlebt. Alternative Optionen wie Mobilität in die Städte gibt es beispielsweise in Westafrika (Ballo 2009). Migration findet darüber hinaus auch in ländliche Gebiete statt, die schwach bevölkert sind; beispielsweise in den Südosten Liberias und in den Osten Guineas.

Migration und ihre vielfältigen Dynamiken sind häufig mit der Erwartung auf Verbesserung der Lebensverhältnisse verknüpft – auf familiärer, dörflicher oder auch nationaler Ebene. Diese Erwartungen haben wiederum Eingang in die Politiken von Staaten und internationalen Organisationen gefunden. Dies gilt insbesondere, seitdem die Weltbank Anfang der 2000er-Jahre einen Teil ihrer Aktivitäten darauf ausrichtete, finanzielle Rücküberweisungen als Instrument sozio-ökonomischer Entwicklung zu betonen. Korrekterweise müsste es heißen:

wieder einmal betonte, da Rücküberweisungen im Rahmen des Schwerpunkts Migration und Entwicklung seit den 1960er Jahren periodisch ihre Wiederkehr feiern (Faist 2019, S. 188–195). In dieser letzten Runde verwiesen Institutionen wie die Weltbank darauf, dass die Höhe der Rücküberweisungen die Zahlungen öffentlich geförderter Entwicklungsgelder seit Jahren bei weitem übersteigt, derzeit etwa um das Dreifache.

Fluchtmigration

Bei erzwungener Migration *(forced migration)* im Allgemeinen und Fluchtmigration im Besonderen wirken etwas modifizierte Dynamiken. Es kommt aufgrund externer Bedingungen, die Leib und Leben bedrohen, häufig zu sehr schnell wachsenden Wanderungen. Die Zahl von Migranten innerhalb eines Landes bzw. die über die Grenzen erfolgenden Migrationen steigen rapide an. Man denke hier nur an die Folgen des Völkermords und des Bürgerkrieges in Ruanda und die Fluchtbewegungen in Nachbarländer wie die DR Kongo und Tansania, oder aktuell an den Bürgerkrieg im Südsudan, der zu umfangreichen, fast ausschließlich innerhalb Afrikas verlaufen Fluchtbewegungen geführt hat.

Wenn wir die idealtypischen Migrationsmodelle erweitern, so stellt sich sofort die Frage nach der Kategorisierung von Migration. Die politisch und rechtlich wichtigste Leitunterscheidung finden wir in der Gegenüberstellung von Fluchtmigration und Arbeitsmigration, die sich in vielfältigen weiteren Unterscheidungen widerspiegelt, so etwa politische vs. ökonomische Migration oder unfreiwillige vs. freiwillige Migration. Aus sozialwissenschaftlicher Sicht sind derartige Dichotomien fragwürdig (vgl. Schmidt 2020). Erstens gibt es häufig multiple Motive bzw. Ursachen (s. o.). Darüber hinaus mag etwa die Wanderung aus Gründen der Verfolgung in Arbeitsmigration münden, so beispielsweise bei Personen, die sich vor physischer Gewalt in Sicherheit im Nachbarland gebracht haben und dann aus Gründen besserer sozio-ökonomischer Lebenschancen weiterwandern. Zweitens vermögen die genannten Gegenüberstellungen nicht strukturelle Gewalt (Galtung 1969) zu erfassen, die beispielsweise in Ländern herrscht, deren politische Regime über *rent-seeking*[3] bei Rohstoffen die wirtschaftliche Ausgrenzung großer Teile der Bevölkerung betreiben und damit wichtiger Lebenschancen berauben. Man

---

[3] „Als **Rent Seeking** (Hervorhebung im Original) bezeichnet man das Verhalten von Marktakteuren welches darauf abzielt, unter Einsatz von Ressourcen (u. a. Geld) die Staatsgewalt so zu beeinflussen, dass der Marktakteur zusätzliches Einkommen erwirtschaftet. Die dafür aufgewendeten Ressourcen werden aus ökonomischer Sicht verschwendet, da das Total der Konsumenten- und Produzentenrente nicht steigt, sondern lediglich die Rente des Produzenten auf Kosten der Konsumenten wächst." (https://www.vimentis.ch/d/lexikon/81/Rent+Seeking.html)

denke etwa an den Abbau oder gar die Ausplünderung von Rohstoffen wie Uran im Niger, wobei französische Konzerne und ihre politischen Partner profitieren, die Anwohner aber aufgrund von radioaktiver Verseuchung ihre Umgebung verlassen müssen.[4] Solche Situationen können auch Migration erzwingen. Es ist also nicht nur physische Verfolgung, die Zwangslagen erzeugt.

Als Alternative werden verschiedene Modifikationen der Dichotomie von Flucht und Migration vorgeschlagen. Manche Beobachter sprechen von einem Kontinuum von reaktiver zu proaktiver Migration, also einer breiten Palette von Möglichkeiten, nicht nur zu reagieren – wie etwa im Falle vieler Bürgerkriegsgeflüchteter – sondern auch vorausschauend zu agieren (Richmond 1993). Auch Letzteres kann in Situationen der beginnenden Verfolgung geschehen, worauf etwa der Begriff „antizipierende Flüchtlinge" *(anticipatory refugees)* hinweist: Er bezeichnet Geflüchtete, die schon zu Anfang von Verfolgungssituationen bzw. in deren Erwartung die Abwanderungsoption wählen.

Wenn wir somit ein breiteres Verständnis von Gewalt in Migrationsprozessen in Anschlag bringen, so im Begriff *forced migration,* dann stellt sich umgehend das Problem, wie der Schutz für all diejenigen gewährleistet wird, die verfolgt sind, aber nicht unter den Schutz durch die Genfer Flüchtlingskonvention fallen (s. o.).[5] Vor allem im Fall von Kriegsflüchtlingen fallen diese Personen unter die breitere Flüchtlingsdefinition aus der Flüchtlingskonvention der Afrikanischen Union (AU). Oft muss hier, etwa im Unterschied zur Genfer Flüchtlingskonvention, keine individuelle Verfolgung nachgewiesen werden, sondern Flüchtlinge werden kollektiv als solche anerkannt. Dies hängt damit zusammen, dass nicht nur Menschen, die wegen individueller Verfolgung fliehen, sondern auch solche, die aufgrund von Kriegen, Besatzung oder *„events seriously disturbing public order"* ihr Land verlassen mussten, als Flüchtlinge anerkannt werden. Womöglich fallen damit sogar sogenannte Klimaflüchtlinge, die etwa vor Dürren oder Naturkatastrophen fliehen, unter die Flüchtlingsdefinition der Afrikanischen Union (Okello 2014, S. 72–73).

---

[4]https://www.world-nuclear.org/information-library/country-profiles/others/uranium-in-africa.aspx

[5]Die Genfer Flüchtlingskonvention beinhaltet das Abkommen über die Rechtsstellung der Flüchtlinge vom 28. Juli 1951 (in Kraft getreten am 22. April 1954) und das Protokoll über die Rechtsstellung der Flüchtlinge vom 31. Januar 1967 (in Kraft getreten am 4. Oktober 1967). Nach Artikel 1 findet die Bezeichnung Anwendung auf jede Person, „die aus der begründeten Furcht vor Verfolgung wegen ihrer Rasse, Religion, Nationalität, Zugehörigkeit zu einer bestimmten sozialen Gruppe oder wegen ihrer politischen Überzeugung sich außerhalb des Landes befindet, dessen Staatsangehörigkeit sie besitzt, und den Schutz dieses Landes nicht in Anspruch nehmen kann oder wegen dieser Befürchtungen nicht in Anspruch nehmen will (…)."

Ausgewählte Migrationstreiber: Konflikte, Umweltzerstörung, Klimawandel
Während also die Ursachen von Migration – und in manchen Fällen: erzwungene Nicht-Migration oder unfreiwillige Immobilität von sogenannten eingeschlossenen Gruppen *(trapped populations)* – in breiteren sozio-ökonomischen Prozessen der gesellschaftlichen Transformation zu suchen sind, so bezeichnen Migrationstreiber die unmittelbaren Anlässe. Zu den Treibern von Migration gehören ganz sicherlich Wirtschaftskrisen oder korrupte Regime, die gerade nicht durch „gute Regierungsführung" *(good governance)* gekennzeichnet sind. Darüberhinausgehend sind mit umstrittener Staatlichkeit oft Konflikte verbunden, die in Bürgerkriegen und damit einhergehender Verfolgung verschiedener Gruppen enden (Iqbal und Zorn 2009).

Zu staatlichen Konflikten, in denen Fluchtbewegungen entstehen, gehört eine ganze Reihe von Phänomenen. So kann es in *Rentier*-Staaten – also Staaten, in denen Einkommen über Knappheitslagen bei Rohstoffen wie Erdöl oder seltene Erden erzielt und von „oben" nach „unten" verteilt wird – darum gehen, welche Gruppe Zugang zu den Profiten aus Bodenschätzen bekommt. Dazu gehören einige Kriege der letzten Jahrzehnte in der DR Kongo. Auch Konflikte unter Eliten sind anzutreffen. In Somalia kam es zwischen Fraktionen, die demokratische Reformen verlangten und dem Regime von Mohamed Siad Barre zu gewaltsamen Auseinandersetzungen und zum Bürgerkrieg, der das Land de facto gespalten hat und im südlichen Somalia bis heute, nunmehr als Kampf gegen die islamistische Bewegung al Shabaab, andauert. Des Weiteren sind direkte Interventionen von Belang, so etwa von Ruanda in den Osten der DR Kongo.[6]

Genauso gehören zu den Treibern die Zerstörung von menschlichem Lebensraum *(human habitat)* durch Landraub und darauffolgende Vertreibung aufgrund der Suche nach und der Förderung von Rohstoffen, die häufig durch internationale Konzerne und ausländische Interessen vorangetrieben werden (grundlegend dazu Sassen 2014 und Faist 2018a). Beispiele dafür sind etwa der schon erwähnte Abbau von Uran durch französische Konzerne im Niger sowie die Förderung von Öl und Gas im Tschad.

Trotz verschiedener Versuche sind „Klimaflüchtlinge" nicht als Flüchtlinge im Sinne der Genfer Konvention anerkannt (Mohamoud et al. 2014, S. 11–12), auch wenn es Ansatzpunkte wie die erwähnte AU-Konvention gibt. Ein Grund dafür mag auch im komplexen Zusammenspiel von vielfältigen Ursachen und Treibern zu finden sein. Klimawandel im Speziellen kann zusammen mit wirtschaftlichen

---

[6] Allgemein zum Zusammenhang von staatlicher Ordnung, Konflikten und Flucht, siehe Maley (2016).

und politischen Faktoren in mehreren Weisen zu Migration beitragen: durch plötzliche Naturkatastrophen, durch allmähliche Veränderungen der Umwelt, und auch indirekt, indem er Konflikte (z. B. um Wasser oder Land) verursacht, die dann ihrerseits Migration zur Folge haben. Dabei ist es nicht immer leicht, eine Trennlinie zwischen erzwungener und freiwilliger Migration zu ziehen. Ein dabei oft geäußertes politisches Argument ist, dass der Einschluss von Klimaflüchtlingen in die Genfer Konvention oder ähnliche internationale Konventionen die Bereitschaft von aufnehmenden Staaten zur Kooperation noch weiter mindern und die Fähigkeit des UNCHR zum Schutz von Flüchtlingen noch mehr reduzieren würde.

Ein weiteres Beispiel für den Zusammenhang von Umweltzerstörung, Konflikten und erzwungener Migration ist die Erdölförderung im Nigerdelta und der Widerstand der Einheimischen gegen ihre Vertreibung (Okwechime 2013). Die Region ist durch die Erdölproduktion von starker Umweltzerstörung betroffen, was seit Langem zu Protesten auf lokaler, nationaler und auch transnationaler Ebene gegen die Regierung und Erdölkonzerne führt. Internationales Aufsehen erregte etwa 1995 die Hinrichtung des Bürgerrechtlers und Schriftstellers Ken Saro-Wiwa und weiterer Aktivisten, die sich im *„Movement for the Survival of the Ogoni People“* engagiert und dabei insbesondere auch den Ölkonzern Shell öffentlich kritisiert hatten (ders., S. 19–22). Ein Beispiel für Umweltschäden durch die Erdölförderung ist die Folge von Lecks in mangelhaft gewarteten Pipelines, aus denen große Mengen Erdöl austreten können. Dies kann zur Zerstörung von Fischgründen und landwirtschaftlich genutzten Flächen und zur Verseuchung von Trinkwasser sowie zur Belastung der Luft mit Giftstoffen führen und geht mit verschiedenen Verletzungen der wirtschaftlichen und sozialen Menschenrechte der Bewohner der betroffenen Gebiete einher (Amnesty International 2013, S. 12–13).

Weitere bekannte Treiber sind wichtige wirtschaftliche Faktoren wie internationale Handelshemmnisse, die etwa die EU zuungunsten schwächerer Handelspartner aufrechterhält: Beispielsweise wird in afrikanischen Ländern wie Côte d'Ivoire und Ghana ein Großteil des Kakaos weltweit produziert. Aber Schokolade als eines der Endprodukte kommt hauptsächlich aus europäischer Produktion.

Bei der Diskussion dieser Treiber ist zu beachten, dass sie in der Regel nicht isoliert wirken. Diese Einsicht wird etwa am Beispiel Klimazerstörung deutlich (McLeman et al. 2016). Oft ist er verbunden mit einer bereits existierenden Monokultur (wie auch beim Kakao), also Raubbau am Land. Klimatische Veränderung tragen zudem auch bereits jetzt durch Desertifikation und vermehrte Naturkatastrophen zu Binnenmigration bei, indem beispielsweise im Niger ausbleibender Regen zu Migration vom Land in die Städte führt und in Ländern wie Mauretanien und Sambia die landwirtschaftliche Produktivität zurückgeht. Zu beobachten sind auch vermehrte Konflikte zwischen Viehzüchtern und Ackerbauern in Ländern wie dem Sudan, z. B. in Darfur – ganz abgesehen von einer vermehrten Verbreitung von Krankheiten wie Malaria und das Dengue-Fieber. Konflikte zwischen Viehzüchtern und Ackerbauern sind auch in Mali und Burkina Faso weit verbreitet. Dabei handelt es sich vorwiegend um subsahara-afrikanische Entwicklungen, die in anderen Regionen des globalen Südens in diesem Ausmaß nicht zu beobachten sind (Barrios et al. 2006).

Flucht in Afrika

3

Bei einer näheren Betrachtung der Situation in Afrika fällt als Erstes auf, dass Fluchtmigration bzw. konfliktbedingt erzwungene Migration nach Europa nicht die primäre Form von Migration auf dem Kontinent ist. Im Jahre 2015 waren es laut UNHCR 5,27 Mio. Afrikaner, die sich außerhalb ihres Herkunftslandes auf der Flucht befanden. Etwa 85 % dieser Flüchtlinge fanden in einem anderen afrikanischen Land Zuflucht. Nur etwa 7,5 % flüchteten nach Europa, zumeist in die Mitgliedstaaten der EU (Prediger und Zanker 2016). Die Mehrheit der afrikanischen Flüchtlinge kommt also nicht nach Europa, sondern bleibt in Afrika (siehe Abb. 3.1).

Auch während der „Flüchtlingskrise" 2015/2016 bildeten Geflüchtete aus Afrika in Europa nicht die Mehrheit. Diese kamen vor allem aus Syrien, Irak und Afghanistan. Nichtsdestotrotz waren Nigeria, Eritrea und Somalia unter den zehn Ländern, aus welchen die meisten Flüchtlinge nach Europa kamen (Eurostat 2017). Dass zwei der drei genannten Länder in Ostafrika liegen, ist kein Zufall, sondern spiegelt aktuelle Muster von afrikanischer Flüchtlingsmigration wider. Gerade Eritrea und Somalia können als Hinweis darauf verstanden werden, dass ein regionaler Fokus notwendig ist, um Fluchtursachen besser zu verstehen. Fluchtmigration ist auf bestimmte Regionen des Kontinents konzentriert, wo sie aufgrund jeweils im Einzelnen zu benennender politischer und anderer Umstände derzeit gehäuft auftritt.

Flucht im östlichen und zentralen Afrika

Das östliche und das zentrale Afrika können heute als Regionen mit den meisten Flüchtlingen gelten. Hier wird auch die Mehrheit der bewaffneten Konflikte auf dem Kontinent ausgetragen. Ein intrakontinentaler Vergleich ist instruktiv: In Ostafrika finden wir mit 4,3 Mio. Menschen mehr Flüchtlinge als in ganz

T. Faist et al., *Mobilität statt Exodus*,
https://doi.org/10.1007/978-3-658-33351-5_3

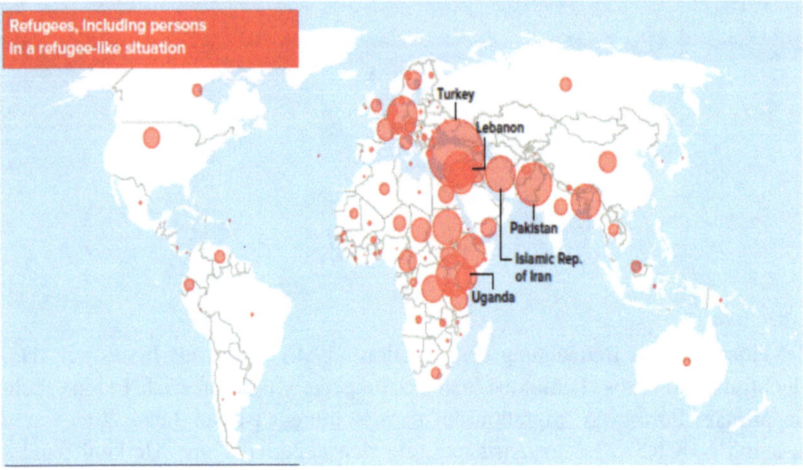

Abb. 3.1 Globale Verteilung von Flüchtlingen, Ende 2017. (Quelle: UNHCR 2018, S. 10)

Europa (ohne die Türkei), wo es etwa 2,6 Mio. sind (UNHCR 2018, S. 14). Die hohe Konzentration in Ost- und Zentralafrika ist nicht weiter verwunderlich, da die Anrainerstaaten in Konflikten in der Regel die meisten Geflüchteten beherbergen; und eben nicht interkontinentale Ziele. Außerhalb Ostafrikas, in anderen Teilen des Kontinents, sind aktuell weitaus weniger Menschen auf der Flucht (UNHCR 2018, S. 14). Diese große innerafrikanische Varianz ist insbesondere deshalb bemerkenswert, weil sie pauschalisierenden Aussagen über Afrika als Kontinent der (Flüchtlings-)Krisen zuwiderläuft: Fluchtmigration ist offensichtlich kein allgegenwärtiger Bestandteil des Lebens in Afrika.

Dementsprechend sind unter den zehn wichtigsten Zielländern für Flüchtlinge weltweit drei afrikanische (Uganda, der Sudan und Äthiopien), aber mit Deutschland nur ein einziges europäisches, wenn man einmal vom speziellen Fall der Türkei im Hinblick auf das angrenzende Syrien absieht (vgl. Abb. 3.2; vgl. Paul 2020).

Zu den wesentlichen Fluchtursachen in Ost- und Zentralafrika, der Region mit den meisten Geflüchteten in Afrika, zählen derzeit (u. a. Kibreab 2014, S. 573–578):

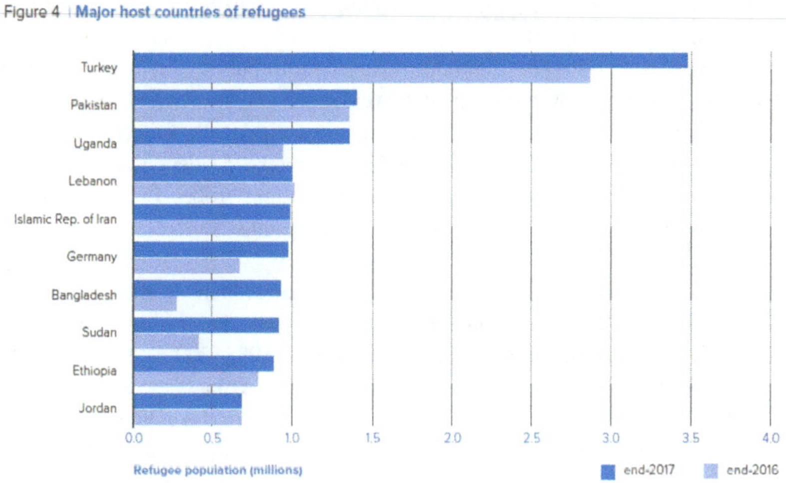

Abb. 3.2 Die wichtigsten Zielländer für Geflüchtete, Ende 2017. (Quelle: UNHCR 2018, S. 15)

- der seit 1991 andauernde Bürgerkrieg in Somalia, der zur faktischen Dreiteilung des Staates und zum völligen Zerfall staatlicher Ordnung im südlichen Somalia geführt hat;
- der Bürgerkrieg im Südsudan – ein ethnisierter Machtkampf zwischen dem Präsidenten Salva Kiir (Dinka) und seinem Widersacher und zweimaligen Vize-Präsidenten Riek Machar (Nuer), die bereits während des südsudanesischen Sezessionskrieges verfeindete Flügel der Südsudanesischen Volksbefreiungsarmee angeführt hatten;
- Konflikte im Osten der DR Kongo, die als Nachwehen der Kongokriege von 1996/1997, 1998–2003 und 2006–2009 periodisch aufflammen (zuletzt insbesondere während der M23-Rebellion (frz.: *Mouvement du 23-Mars*) von 2012/2013) und maßgeblich durch Einnahmen aus dem Export von Ressourcen geführt werden, deren Kontrolle zugleich ein zentraler Konfliktherd ist;
- Konflikte im Sudan, insbesondere in der Region Darfur, die im Verbund mit Armut, Zwangsvertreibungen im Zusammenhang mit Entwicklungsprojekten sowie Dürren und Hungersnöten zu lang anhaltender, ihre ursprünglichen

Auslöser überdauernder Binnenvertreibung und grenzüberschreitender Fluchtmigration geführt haben;[1]

- der Bürgerkrieg in der Zentralafrikanischen Republik, in dem primär um die Kontrolle von Ressourcen und Weideland gekämpft wird, obwohl auch Spannungen zwischen Christen und Muslimen eine Rolle spielen[2]
- die autoritäre Regierungsführung in Eritrea unter Präsident Isayas Afewerki, die sich beispielsweise in der Zwangsverpflichtung großer Teile der Bevölkerung zu dem bis zu 20 Jahre dauernden Militärdienst äußert.

Zwar konnten andere Konflikte, die in der Vergangenheit zu massiver und oft langanhaltender Fluchtmigration geführt hatten, inzwischen erfolgreich bewältigt werden, so der frühere sudanesische Bürgerkrieg (1983–2005), der zur Abspaltung des Südsudan führte, oder der von einem Bürgerkrieg begleitete Genozid in Ruanda. Dennoch hat, nach einem kurzen Rückgang um das Jahr 2010, die Zahl der Flüchtlinge in der Region der Großen Seen derzeit den höchsten Stand in den vergangenen 20 Jahren erreicht. Dies ist maßgeblich auf den südsudanesischen Bürgerkrieg zurückzuführen, der zu einem gravierenden Anstieg der Flüchtlingszahlen in Uganda, dem südlichen Nachbarland des Südsudan, geführt hat. Auch in den Sudan und nach Äthiopien sind infolge des Bürgerkrieges zahlreiche Menschen geflohen, dazu kommen knapp 2 Mio. Binnenvertriebene (Stand September 2018[3]).

Flucht im südlichen, westlichen und nördlichen Afrika

Im südlichen Afrika erreichte die Fluchtmigration um das Jahr 1990 Höchststände von bis zu 1,8 Mio. Flüchtlingen, ist seither aber deutlich zurückgegangen (Crush und Chikanda 2014, S. 554). Mittlerweile zählt das Flüchtlingshilfswerk der Vereinten Nationen (United Nations High Commissioner for Refugees, UNHCR) noch knapp 200.000 Flüchtlinge in der Region (UNHCR 2018, S. 14). Unabhängigkeits- und Bürgerkriege in Angola und Mosambik, in die auch ausländische Staaten eingriffen (insbesondere der südafrikanische Apartheidstaat), zählten in der Vergangenheit zu den wesentlichen Fluchtursachen (Crush und Chikanda 2014, S. 556–559). Gegenwärtig ist das südliche Afrika, insbesondere

---

[1] https://www.bpb.de/gesellschaft/migration/laenderprofile/307811/binnenvertreibung-im-sudan

[2] https://www.bpb.de/internationales/weltweit/innerstaatliche-konflikte/185581/zentralafrikanische-republik

[3] https://reliefweb.int/report/south-sudan/south-sudan-humanitarian-bulletin-issue-9-30-september-2018

Südafrika und Sambia, eine Zielregion für Flüchtlinge aus anderen Teilen Afrikas. Zudem gibt es in Südafrika zahlreiche Asylbewerber aus Simbabwe, die aber zumeist nicht als Flüchtlinge anerkannt werden (diesb. 2014, S. 560–563).

In Westafrika gab es zum Jahresende 2017 nicht ganz 300.000 Flüchtlinge – etwa eineinhalbmal so viele wie im südlichen Afrika, jedoch weniger als ein Zehntel der Geflüchteten im östlichen und zentralen Afrika (UNHCR 2018, S. 14). In der jüngeren Vergangenheit zählten die Bürgerkriege in Liberia (1989–2003) und Sierra Leone (1991–2002) zu den zentralen Fluchtursachen. Ein weiteres Beispiel ist der Bürgerkrieg in Guinea-Bissau (1998–1999), der bis heute verheerende Folgen hat und in politischen Unruhen und mehreren Putschversuchen, zuletzt 2012, Ausdruck gefunden hat. Die desolate Wirtschaft in Guinea-Bissau wird vor allem vom Kokain-Handel dominiert (Vigh 2015). Zu berücksichtigen sind auch der seit den 1980er Jahren andauernde Konflikt um die nach Unabhängigkeit strebende Region Casamance im südlichen Senegal oder der Konflikt im Norden Malis seit 2012, in dem Tuareg-Separatismus (Fresia 2014, S. 544–555) und mittlerweile unübersichtliche Verwicklungen mit (internationalem) Islamismus, Schmuggelrouten und internationalen Einsätzen zur Terrorismusbekämpfung eine Rolle spielen (Wiedemann 2018).

In Nordafrika sind Ägypten und Algerien die wichtigsten Zielländer für viele dieser Flüchtlinge, wobei Geflüchtete aus Ostafrika über Ägypten nach Norden migrieren, wohingegen Algerien Zielland für Flüchtlinge aus seinem westlichen Nachbarstaat Marokko ist, die wegen des Westsahara-Konflikts nach Algerien fliehen und dort oft schon seit sehr langer Zeit leben (Hanafi 2014, S. 588–590). Ende 2017 zählte der UNHCR 233.000 Flüchtlinge in Ägypten und 94.000 Flüchtlinge in Algerien. Die anderen Maghreb-Staaten, insbesondere Tunesien, beherbergen nur äußerst wenige Flüchtlinge (UNHCR 2017a, S. Anhang, Tab. 1).

Dynamik von Migration und Flucht

Aus dieser Übersicht ergibt sich, dass es spezifische Dynamiken sind, die erzwungene Migration charakterisieren. Gerade Migration, die sich im Rahmen physischer Gewalt vollzieht, ist durch ein stufenförmiges Muster *(step-wise migration)* gekennzeichnet. Aufgrund der recht restriktiven Kontrollpolitik, die nicht nur an den Grenzen europäischer Länder, sondern auch schon nach Afrika hinein verlagert ist (s. u.) und der Dominanz innerafrikanischer Migration trifft diese Feststellung auf viele Formen der Wanderung in Afrika zu. Kurzum, es geht nicht einfach um Aus- und Einwanderung, sondern um stufenweise Prozesse, die aber nicht unbedingt in Einwanderung enden. Stattdessen beobachten wir gerade aus afrikanischen Staaten in der Subsahara heraus lange und gefährliche Wanderungen, zumeist durch Anrainer- und Transitstaaten nach Nordafrika, vor allem Marokko und Libyen, das insbesondere seit dem Sturz Gaddafis zu einem der wichtigsten Wege nach Norden geworden ist. Diese Reisen sind immer wieder unterbrochen und durch lange Wartezeiten oder auch unerwartete Umkehr geprägt, was sie als „fragmentierte Reisen“ (Collyer 2007) erscheinen lässt.

Diese Verläufe sind in der Regel geschlechtsspezifisch. Geflüchtete Frauen aus Somalia, die über Äthiopien, den Sudan und Libyen nach Malta geflohen waren, beschrieben die Reise nach Europa als in ihrem Verlauf und ihrer Länge unvorhersehbar und benannten finanzielle und soziale Ressourcen sowie das Geschlecht als Faktoren, die wesentlich beeinflussten, wie lange die Reise dauerte und was währenddessen geschah (Gerard und Pickering 2013). Häufig waren die Reisen von Erfahrungen direkter oder struktureller, im Extremfall tödlicher, Gewalt gekennzeichnet. Zu diesen zählen z. B. Vergewaltigungen und Erpressungen um Geld oder sexuelle Nötigung während der Reise durch die Sahara, drohende und tatsächliche Verhaftungen in Libyen und anschließende menschenunwürdige Haftbedingungen, Ausbeutung von Migrantinnen, die in Libyen arbeiteten, um Geld für die Weiterreise nach Europa zu verdienen und schließlich die gefährliche Fahrt über das Mittelmeer. Zu den natürlichen Gefahren des Meeres kamen hier auch das Risiko menschenrechtswidriger Zurückweisungen nach Libyen oder unterlassener Hilfeleistung durch andere Schiffe hinzu (Mannik 2016). Darüber hinaus wurden Frauen zudem von den Besatzungen der Flüchtlingsboote oft schlechter behandelt als Männer.

Eine weitere Fallstudie zu Migrantenmüttern, in diesem Falle in Rabat, Marokko, belegt: Wenn Kinder unehelich geboren und/oder als „gemischtrassig“ klassifiziert werden, kann dies zudem dazu beitragen, dass Migrantinnen, die nicht nach Europa weiterreisen können, trotzdem nicht nach Hause zurückkehren, da sie dort Stigmatisierung fürchten. Eine Reaktion auf diese Entwicklung ist es, sich in Marokko eine neue soziale Stellung zu schaffen (Stock 2012, S. 1590–1592). Es sind also durchaus oft „turbulente Verläufe“ (*turbulent trajectories;* Schapendonk 2012), denen Wandernde folgen. Auch unter diesen Bedingungen bilden sich gemeinsame Gruppenidentitäten unter den Migranten aus verschiedenen Ländern Subsahara-Afrikas heraus. Häufig sind es nationale Gruppen, in denen sich Migranten organisieren, was beispielsweise im Ausdruck „nigerianisches Ghetto“ zum Ausdruck kommt (z. B. Lecadet 2013).[4]

---

[4] In einer Analyse der turbulenten Reisen, unterbrochen durch wiederholtes „Steckenbleiben“ und teilweise Abschiebungen in Transiträumen, untersucht Clara Lecadet (2013) die Organisation kollektiver Gruppen in „Ghettos“ nach Staatsbürgerschaft, die angesichts einer Politik der Ablehnung durch ausländische Staaten eine symbolisch wirksame Form der Opposition darstellt. Staatsbürgerschaft dient dabei als positiver Anker.

Auch berücksichtigt werden muss, dass sich die Motive und Ziele während des Wanderungsprozesses verändern. So lässt sich etwa am Beispiel von Migranten in der südalgerischen Stadt Tamanrasset belegen, dass sich Migranten manchmal, wenn sie Arbeit gefunden haben, dazu entschließen in Tamanrasset zu bleiben, anstatt weiterzuziehen. Sie integrieren sich dann in die örtliche Gesellschaft und in Netzwerke mit anderen Migranten aus Subsahara-Afrika, die sich zu translokalen bzw. transnationalen Netzwerken entwickeln, wenn der Kontakt zu weiterziehenden Menschen aufrechterhalten wird. Zugleich wird insbesondere das Internet auch genutzt, um den Kontakt zu Familienangehörigen zu pflegen. Auf diese Weise „ist Tamanrasset nicht nur mit dem Subsahara-Raum verbunden, sondern insbesondere mit den Grenzregionen und Orten sowie mit den Städten in Europa." (Hathat und Wehrhahn 2017, S. 73) Einige dieser Migranten und translokalen bzw. transnationalen Netzwerke, die (irreguläre) Migrations- oder Fluchtprozesse anderer, häufig aus der eigenen Region, unterstützen, werden damit Teil von Schmuggelnetzwerken oder bauen diese sogar selbst auf (siehe dazu z. B. Richter 2016 im Falle von Mali-Algerien-Marokko und Ayalew Mengiste 2018 zu Eritrea-Äthiopien-Sudan-Libyen).

Migration als Initiation

Eine wichtige Rolle in all diesen Prozessen spielt dabei das Motiv des Abenteurers, der sein Schicksal in die eigene Hand nimmt und selbst darüber bestimmt, wo er sich aufhält. Es handelt sich dabei um eine Selbstbezeichnung afrikanischer Migranten, insbesondere aus West- und Zentralafrika, die damit auch eine bestimmte Lebensphase, insbesondere als Mann, beschreibt. Es geht um Erwachsen- und um Mannwerdung (Bredeloup 2013, 2017), was wiederum auf alte Konzepte von Initiation in der Wildnis zurück geht (Dougnon 2013). Angesichts der fragmentierten Mobilität und der turbulenten und unsicheren Migrationswege ist in der heutigen Zeit ein hohes Risiko im Hinblick auf Leben und Würde ein wichtiger Bestandteil dieses Prozesses.

Allerdings enden migrantische Abenteuer häufig nicht so erfolgreich wie etwa von den zugehörigen Familienangehörigen erwartet. Möglicherweise zurückgeschoben sind vermeintlich „gescheiterte Abenteurer" darauf zurückgeworfen, ihre Würde wiederherzustellen (Schultz 2019). Aus dieser kollektiven Identität entwickeln sich teilweise auch Grundlagen für eine politische Mobilisierung für Rechte von Migranten (Berriane 2018, S. 93–96).

Migrationsprozesse: turbulent und fragmentiert

Migrationsprozesse können allerdings auch nicht mit dem Ankommen in Europa und einer dortigen Integration notwendigerweise als beendet betrachtet werden.

So lässt sich beispielsweise sekundäre Migration innerhalb Europas von Spanien, Italien und Portugal nach Deutschland und Schweden beobachten (Schapendonk 2018). Eine Fallstudie, die Migranten betrachtet, die später auch den umgekehrten Weg gingen – von Europa zurück nach Afrika, in diesem Falle von London nach Kampala, Uganda – hält fest: *„solidarities forged through the experiences of racialisation and racism in Britain fail to translate into more inclusive everyday practices of belonging on return to Uganda.“* (Binaisa 2018, S. 204) Dies hängt wesentlich damit zusammen, dass „Rasse“ als Identitätskategorie in Uganda gegenüber Ethnizität und sozio-ökonomischem Status an Relevanz verliert. Die Migration nach Großbritannien führte hingegen erst einmal zu Rassifizierungserfahrungen: *„For many of my participants, coming to Britain was their first experience of the totalizing application of their race, of 'black' as primary identity, rendering all other identities and trajectories of difference, particularly ethnic group, insignificant or irrelevant, outside the company of fellow members of the Ugandan diaspora.“* (dies., S. 213). Mit diesen Erfahrungen gehen die Migranten unterschiedlich handlungsmächtig um. Dabei spielt aber (fast) immer die Identität als Ugander oder Afrikaner eine wichtige Rolle, hinter der ethnische Unterscheidungen (in Uganda gibt es Dutzende verschiedener Ethnien) zurücktreten, sodass transethnische Gemeinschaften entstehen. Nach der Rückkehr nach Uganda wollen viele daher auch dort ethnische Grenzen überwinden, stellen dann aber fest, dass dies dort nur bedingt möglich ist (dies., S. 215–221). Der umgekehrte Fall, der Verbleib in Europa, tritt oft trotz eines Rückkehrwunsches teilweise dann ein, wenn die Migration nicht den erwünschten Erfolg einbringt (Hernandez-Carretero 2017).

Insbesondere in den nordafrikanischen Staaten, die als Sprungbrett nach Europa dienen, finden wir gestrandete Migranten mit verschiedenen Status: als anerkannte Flüchtlinge in UNHCR-Camps oder als Gestrandete, die keinen derartigen Status haben, sich also irregulär aufhalten und aus sozialen Gründen nicht zurückkehren können. Teilweise sind sie bereits auf dem Weg zurückgeschoben worden oder haben mehrere Versuche hinter sich (Thorsen 2017). In beiden Kategorien finden wir häufig ein „aktives Warten“ *(active waiting)* (z. B. Lucht 2017) für eine mögliche Weiterreise in andere Kontinente. Dieses Warten ist von unterschiedlichen Zeitvorstellungen und Geschwindigkeiten geprägt. Migranten kommen oft mit hohem Optimismus in Transitstaaten an. Dieser verringert sich dann aber, wenn sie mit den realen Gegebenheiten vertraut werden. Verknüpft sind Vorstellungen über Mobilität mit der Tatsache, dass Migration kein individuelles Unternehmen, sondern vielfältig in familiäre und kollektive Zusammenhänge eingebettet ist. Familien unterstützen Migranten einerseits, formulieren andererseits aber auch Erwartungen an sie.

Manche Migranten nehmen auch an Programmen der „Freiwilligen Rückkehr“ der International Organization for Migration (IOM) teil. Dies sind allerdings vorwiegend Einzelfälle. Sehr viel weiter verbreitet sind Programme der IOM, die sich an ganze Gruppen richten, z. B. von Jemen nach Äthiopien oder von Libyen nach Mali. Die Betroffenen sprechen hier allerdings selten von Freiwilligkeit (Koser und Kuschminder 2015). Andere kehren erzwungenermaßen als Abgeschobene aus nordafrikanischen Ländern zurück und haben keine Möglichkeit, wieder auszureisen oder alternativ zu Geld zu kommen und stehen manchmal den enttäuschten Erwartungen der Familien gegenüber, da sie das benötigte bzw. erwartete Einkommen nicht zur Verfügung stellen können (Schultz 2019; Kleist 2017).

Soziale Netzwerke können durchaus unterschiedliche Rollen in der Migration spielen: Sowohl die Einbettung in ein Netzwerk als auch die Abwesenheit einer solchen können Migranten befähigen, ihre geplante Route fortzusetzen, aber auch zu einer Änderung der Route führen. Wichtig ist dabei, dass Netzwerke manchmal nicht nur Menschen in Herkunfts- und Zielländern umfassen, sondern auch Menschen in weiteren Ländern, die man bereits vor der Migration kennt oder während der Migration kennen lernt. Aufgrund von Veränderungen in der Netzwerkstruktur, z. B. durch neue Bekanntschaften oder Verlust alter Kontakte, kann es ebenso wie durch andere kritische Ereignisse zu Kurswechseln während des eben darum nicht geradlinigen Migrationsprozesses von A nach B kommen (Wissink et al. 2017, S. 2–5).

4 Binnenmigration und Binnenvertriebene in Afrika

In Subsahara-Afrika finden umfangreiche Migrationsbewegungen statt, die im Gegensatz zu nordafrikanischer Migration ihren Anfang und ihr Ende zumeist innerhalb der Region haben (Mercandalli et al. 2017, S. 14). Insofern verweist die einschlägige Forschung darauf, dass Mobilität und nicht Sesshaftigkeit der Ausgangspunkt für eine Analyse von Migration in und aus Afrika sein sollte (u. a. De Bruijn et al. 2001). Insbesondere zu Binnenmigration liegen allerdings nur in begrenztem Umfang Daten vor. Alles in allem scheint aber der Anteil der Migranten an der Bevölkerung Subsahara-Afrikas in den letzten Jahrzehnten konstant geblieben zu sein, während ihre Anzahl aufgrund des Bevölkerungswachstums deutlich gestiegen ist (s. o.). Subsahara-Afrika (SSA) ist durch starkes Bevölkerungswachstum und eine Urbanisierung weitgehend ohne Industrialisierung geprägt:

„*In this unique context, migration and rural migration in SSA cannot develop along the same lines as the historical pattern observed in other regions of the world, where a definitive rural–urban migration directly fed the transformation process. In today's globalized world, massive overseas migration will not play the same historical role than [sic] in Europe.*" (Mercandalli et al. 2017, S. 15).

Demographischer Wandel und Urbanisierung

Die Bevölkerung von Subsahara-Afrika insgesamt und auch die ländliche Bevölkerung werden bis zur Mitte des 21. Jahrhunderts stark wachsen (Mercandelli et al. 2017). Diese kurz- bis mittelfristige Entwicklungslinie gilt insbesondere für West- und Zentralafrika, auch wenn die Geburtenraten hier stagnieren oder bereits

T. Faist et al., *Mobilität statt Exodus*,
https://doi.org/10.1007/978-3-658-33351-5_4

rückläufig sind.[1] Damit wird sowohl die Anzahl als auch der Bevölkerungsanteil von Menschen im arbeitsfähigen Alter steigen. Dies kann positive Effekte auf die wirtschaftliche Entwicklung haben, aber nur, sofern es gelingt, hinreichend viele Arbeitsplätze und berufliche Perspektiven zu schaffen. Damit wäre auch die Möglichkeit für Menschen in diesen Ländern gegeben sich selbst weiter zu entwickeln. Auf dem Land wird zudem auch die mit dem Bevölkerungswachstum verbundene Zunahme der Bevölkerungsdichte ein Problem darstellen, das bewältigt werden muss. Binnenmigranten sind in erster Linie Menschen aus dem ländlichen Afrika, die in Städte ziehen. Daneben spielen auch andere Formen von Binnenmigration – zwischen Städten oder zwischen Dörfern – eine wichtige Rolle, wobei letztere in der Regel überwiegt.

Afrika ist also nicht nur der Kontinent von riesigen Metropolen wie Kairo in Ägypten mit 16 Mio. Einwohnern, Lagos in Nigeria mit 13 Mio., Kinshasa in der DR Kongo mit 12 Mio. oder Johannesburg in Südafrika mit 9 Mio., sondern auch und vielmehr ein Kontinent der Dörfer. Die Mehrheit der Afrikaner leben auf dem Land, so etwa 88 % der Menschen in Burundi (kontinentaler Höchstwert, weltweit Platz 2 hinter Trinidad und Tobago), 80 % der Äthiopier, 74 % der Kenianer, oder 62 % der Guineer; letzteres entspricht dem Schnitt für das gesamte Subsahara-Afrika. Drei afrikanische Staaten (Burundi (88 %), Uganda (84 %), Malawi (84 %) zählen zu den 10 Staaten mit den weltweit höchsten Anteilen ländlicher Bevölkerung. In allen afrikanischen Staaten außer Gabun (13 %), Libyen (21 %) und Dschibuti (23 %) liegt der Anteil der Landbevölkerung – oft sehr deutlich – über dem in der EU (25 %) (Weltbank 2017).

Schon seit Ende des 19. Jahrhunderts fanden große Arbeitskräftebewegungen innerhalb und zwischen Kolonien für Plantagenarbeiten (z. B. Baumwolle, Kakao, Kaffee und Erdnüsse in Westafrika), aber auch in die dadurch wachsenden Hafenstädte in Westafrika z. B. nach Dakar, Abidjan, Accra oder Lomé statt, um den Handel nach Europa und die USA zu ermöglichen. In Westafrika war das vorwiegend eine Nord-Süd-Migration. Dieser Trend setzte sich nach dem Ende der Kolonialzeit fort, z. B. mit Wanderungen aus Mali und Burkina Faso nach Côte d'Ivoire.

[1] So liegt in Mali z. B. das Bevölkerungswachstum aktuell bei knapp 3 %. Seit 1950 ist die Bevölkerung von 4,3 Mio. auf etwa 20,4 Mio. (2020; https://worldpopulationreview.com/countries/mali-population) angestiegen. Das heißt, die Bevölkerung des Landes ist extrem jung. In Zusammenhang mit einem durchschnittlich niedrigen Bildungsstand bei Frauen und hohen Geburtenraten wird erwartet, dass die Bevölkerung sich innerhalb der nächsten vier Jahrzehnte mehr als verdoppelt (siehe auch Hummel und Doevenspeck 2012).

Insgesamt aber hat der Anteil der Landbevölkerung in Afrika seit dem Ende der Kolonialzeit deutlich abgenommen (Manshard 1986). Schon während der Kolonialisierung führten die Land-Stadt-Migrationen, landwirtschaftliche Kolonialisierung und die Umgestaltung von Wäldern in Plantagen zu einer umfassenden Umgestaltung der westafrikanischen Küstenstaaten. 1960, im sogenannten Afrikanischen Jahr, in dem 18 Länder ihre Unabhängigkeit erlangten, lebten in Burundi, Ruanda, Botswana, Swasiland, Malawi, Uganda, Burkina Faso, Mosambik und Tansania noch jeweils mindestens 95 % der Bevölkerung auf dem Land, der Durchschnitt für Subsahara-Afrika lag damals bei 85 %. Nur zwei Länder – Dschibuti (50 %), Südafrika (53 %) – wiesen 1960 ein ausgeglichenes Verhältnis von Stadt- und Landbevölkerung auf, keines eine Mehrheit von Stadtbewohnern (Weltbank 2017). Eine zentrale Ursache der Abnahme der Landbevölkerung ist die Migration vom Land in die Stadt.

Land-Stadt- und Land-Land-Migration

In Südafrika ist es vor allem Land-Stadt-Migration, die dominiert. Seit dem Ende der Apartheid spielt neben temporärer Arbeitsmigration auch permanente Binnenmigration eine zunehmende Rolle in Südafrika (Dindabo et al. 2017, S. 36). Im Gegensatz zu vielen anderen afrikanischen Ländern lebt in Südafrika nur eine Minderheit der Bevölkerung auf dem Land; diese ländliche Bevölkerung ist im Schnitt deutlich ärmer und weniger formal gebildet. Hohe Arbeitslosigkeit auf dem Land ist ein Faktor, der stark zu Migration in die Städte, insbesondere von jungen Erwachsenen, beiträgt.

Es können auch durchaus positive Auswirkungen von Land-Stadt-, aber auch Land-Land-Binnenmigration konstatiert werden: Migration trägt zur Diversifizierung des Einkommens von Haushalten bei und erhöht den Zugang zu Erwerbsmöglichkeiten, wenn auch in der Regel nur temporär. Migration unterstützt damit die Lebensfähigkeit kleiner und mittelgroßer Städte (Mercandalli 2017a, S. 22). Haushalte mit einem migrierten Mitglied sind etwas wohlhabender bzw. weniger arm als Haushalte ohne eine solche Person, was gerade auch an Rücküberweisungen von Migranten liegt. Allerdings ist das Ausmaß der Überweisungen begrenzt. Dennoch tragen Rücküberweisungen im Rahmen von Binnenmigration zur Armutsbekämpfung bei. Insgesamt stellen bessere ökonomische Aussichten für sich selbst und die eigene Familie einen wesentlichen, aber nicht den einzigen Grund für Migration dar. Andere wichtige Motive sind Bildung und Familienzusammenführung (Dindabo et al. 2017, S. 24).

In geschlechtsspezifischer Hinsicht ist dabei vor allem in Westafrika ein klarer Trend zur Feminisierung von Migration zu erkennen (z. B. Hummel et.al.

2012; Ballo 2009). Auch die Motive zu migrieren sind geschlechtsspezifisch verschieden. Beispielsweise stehen in Mali für Männer der Broterwerb sowie die Unterstützung der Familie im Mittelpunkt. Weibliche (Arbeits-)Migration wird häufig mit Lernen in Verbindung gebracht und ist weniger hoch angesehen. Frauen migrieren zunehmend allerdings auch als Haushaltskräfte oder im Kleinhandel in größere Städte und in Nachbarländer, obwohl internationale Migration nach wie vor von Männern dominiert wird (u. a. Lesclingand und Hertrich 2017; Hertrich und Lesclingand 2013). Nimmt man nur den finanziellen Aspekt, so zeigt sich, dass zwar die meiste Migration aus Subsahara-Afrika Binnenmigration oder Migration in andere Länder der Region ist, die meisten Rücküberweisungen jedoch von Migranten auf anderen Kontinenten kommen. Diese Fakten unterstreichen in eindrucksvoller Weise, wie gewinnbringend Migration (auch bei geringqualifizierter Tätigkeit) außerhalb Afrikas sein kann. In der Tat wuchsen die Rücküberweisungen nach Afrika von $44,3 Mrd. (2007) auf $60,5 Mrd. (2016) (Ponsot et al. 2017, S. 10). Ganz Subsahara-Afrika erhielt 2015 allerdings nicht einmal halb so viel Geld in Form von Rücküberweisungen wie Indien (Nshimbi 2017, S. 26).

Binnenvertriebene in Afrika
Nach der gängigen Definition aus der Genfer Flüchtlingskonvention ist man erst dann Flüchtling, wenn man in ein anderes Land geflohen ist (UNHCR 2015, S. 6, s. o.). Auch die Flüchtlingskonvention der Afrikanischen Union, die den Flüchtlingsbegriff gegenüber der Genfer Konvention im Hinblick auf Fluchtursachen erweitert, hält an dem Kriterium der Flucht in ein anderes Land fest (OAU 1969, Art. 1). Das bedeutet, dass diese Konventionen für Binnenflüchtlinge nicht gelten. Nicht zuletzt in den oft sehr großen Staaten Afrikas sind aber auch viele Menschen als Binnenvertriebene auf der Flucht. Berücksichtigt man diese, verlagert sich der globale Schwerpunkt der Fluchtmigration noch stärker in den globalen Süden und nach Afrika, da es im globalen Norden mit Ausnahme der Ukraine praktisch keine Binnenvertriebenen gibt.

Gefördert durch die auch in Afrika restriktiver werdende Politik gegenüber Geflüchteten ist die Zahl der Binnenvertriebenen (Internally Displaced Persons, IDPs) höher als die derjenigen, die im Ausland leben. Binnenvertriebene leben „*frequently in a more desparate situation than refugees*" (Crisp 2006, S. 18; vgl. Kälin 2014). Es verwundert nicht, dass unter den 10 Staaten mit den größten Populationen an Binnenvertriebenen in der Welt Ende 2017 vier afrikanische waren – die DR Kongo, Somalia, der Sudan, und der Südsudan (vgl. UNHCR 2018, S. 35). Als Beispiele für die Situation von IDPs kann die jeweilige Situation in Konfliktzonen wie Darfur im Südsudan und im Norden Nigerias, wo ebenfalls zahlreiche Menschen als Binnenvertriebene leben, gelten.

Im Sudan ist in erster Linie der seit 2003 bestehende Darfur-Konflikt für die hohe Zahl von Binnenvertriebenen verantwortlich. Ähnlich wie der Sezessionskrieg des Südsudan wurzelt der Darfur-Konflikt in der kolonialen Konstitution des Sudan, der als ehemals größter Staat Afrikas eine Reihe verschiedener Völker umfasste, und der Dominanz der sich als nordafrikanische Araber verstehenden Völker über die als Schwarze kategorisierten Völker im heutigen Südsudan sowie im westlichen Sudan (Darfur). Die Aussicht auf Rückkehr und Reintegration von IDPs sind sehr beschränkt und durch Gewalt und die Abwesenheit rechtsstaatlicher Sicherheit äußerst prekär. Eine wichtige Konfliktlinie, aus der heraus Flüchtende resultieren, verläuft entlang von Landkonflikten zwischen nomadischen und sesshaften Bevölkerungsgruppen. Der Streit um Landrechte führt zu Spannungen und Konflikten zwischen Gemeinden. Obwohl die ganze Bevölkerung in Darfur unter der Krise leidet, sind es vor allem die IDPs, die sich vorher als Bauern betätigten, welche aufgrund ihrer sozialen Marginalisierung einen Existenzkampf führen (UNHCR und AU 2017, S. 26–27).

In Nigeria ist die gegenwärtig hohe Zahl an Binnenvertriebenen auf die Rebellion von Boko Haram, sowie auf weitere Konflikte und Überflutungen, zurückzuführen. Boko Haram ist eine im Nordosten agierende islamistischen Terrormiliz, die international insbesondere durch die Entführung von 276 Schülerinnen aus dem Ort Chibok im Jahr 2014 Aufsehen erregte. Der seit Jahren schwelende Konflikt hat zu Massenflucht innerhalb des Landes und ins Ausland geführt. Geschätzt sind mehr als 8,5 Mio. Menschen davon betroffen, insbesondere in den Bundesstaaten des Nordostens, also Borno, Adamawa und Yobe. Dort konzentrieren sich über 90 % der über 1,75 Mio. IDPs in Nigeria (Internal Displacement Monitoring Centre 2017). Nach Angaben von Amnesty International leben rund 20 % der nigerianischen Binnenvertriebenen in Lagern, die restlichen 80 % in anderen Orten in Nigeria. Die Situation der Menschen in den Lagern wird als äußerst problematisch beschrieben. So mangele es an Nahrung, sauberem Wasser, sanitärer Infrastruktur und medizinischer Versorgung. Viele Menschen dürfen die Lager nicht verlassen, Frauen werden sexuell ausgebeutet (Amnesty International 2017c).

Zusammenfassend lässt sich festhalten, dass IDPs oft absichtlich durch ihre Regierungen aufgrund ihrer ethnischen, religiösen oder politischen Zugehörigkeit entwurzelt werden; teilweise auch im Rahmen von Kampagnen gegen Aufständische. In Bürgerkriegen entlang der erwähnten sozialen Differenzen werden sie oft als Feinde wahrgenommen. Häufig werden sie mit aufständischen bzw.

oppositionellen Gruppen assoziiert, die als gefährlich oder als minderwertig eingestuft werden. In wieder anderen Fällen sind die Entwurzelten Spielball der sich bekriegenden Seiten. Wettbewerb um knappe Ressourcen wie Land oder Wasser verstärkt typischerweise derartige Konflikte. In den Fällen, in denen Staaten in anarchischen Verhältnissen enden, wie etwa in Teilen von Somalia, wurden einige der schlimmsten Verfehlungen an IDPs begangen. Als Resultat brechen oft die sozioökonomischen Strukturen und die Gemeinden zusammen und verhindern über Jahrzehnte Wiederaufbau und Entwicklung (Crisp 2006, S. 19).

Verbesserung der Situation von Binnenvertriebenen
Erste Schritte hin zu einer Verbesserung der Situation von Binnenvertriebenen wurden Anfang des 21. Jahrhunderts in Form der Verabschiedung der (rechtlich nicht verbindlichen) *„Guiding Principles on Internal Displacement"* der UN und eines Cluster-Ansatzes unternommen, der unter dem Eindruck von Darfur die Zusammenarbeit von Organisationen wie dem UNHCR, UNICEF und der WHO bei der Unterstützung von Binnenvertriebenen verbessern soll (dies., S. 20–24). 2009 wurde die rechtsverbindliche *„African Convention on the Protection and Assistance for Internally Displaced Persons in Africa"* der Afrikanischen Union (Kampala-Konvention) verabschiedet. In der Region der Großen Seen gibt es zudem seit 2006 das *„Protocol on the Protection and Assistance to Internally Displaced Persons"* (Kalin 2014, S. 163), das von der *International Conference on the Great Lakes Region* verabschiedet wurde. Durch diese Konventionen hat sich Afrika von *soft law* zu *hard law* entwickelt. Durch die Kampala-Konvention sind Staaten verpflichtet, *„to enact appropriate legislation, create an institutional framework for the coordination of IDP-related activities, and allocate the necessary funds to ensure implementation."* (dies., S. 171). Sowohl auf der Ebene nationaler Gesetzgebung als auch in der praktischen Umsetzung der Hilfe für Binnenvertriebene besteht aber trotz dieser Fortschritte nach wie vor häufig noch Verbesserungsbedarf.

Integration in Afrika

5

An Migration schließt sich im Falle einer Niederlassung die gelingende oder scheiternde Integration von Migranten in den Zielländern an. Zu dieser Thematik existieren verschiedene soziologische Theorien, die allerdings mit Blick auf Staaten des globalen Nordens, insbesondere auf die USA, entwickelt wurden. Dies zu betonen ist wichtig, da Annahmen, die bei der Entwicklung von Theorien über Gesellschaften im globalen Norden oft wie selbstverständlich vorausgesetzt werden, andernorts nicht notwendigerweise zutreffen müssen. Insgesamt mögen begriffliche Unterscheidungen wie Emigration, Transitmigration, Immigration, Rückkehr und Integration für den afrikanischen Kontinent nur bedingt passen, weil unterschiedliche Formen der Mobilität Teil des Alltags sind.

Andere Voraussetzungen
Integrationsdiskurse im globalen Norden operieren oft mit einem aus dem nationalen oder gar nationalistischen Diskurs der Moderne stammenden „Kugelmodell" in sich geschlossener, getrennter Nationen (Welsch 2010, S. 40–42; Faist 2000b, S. 9–47), welches eine Gleichsetzung nationaler, ethnischer und kultureller Zugehörigkeit vornimmt. Angenommen wird daher häufig, dass Migranten in ein ethnisch und kulturell homogenes, z. B. einsprachiges, Land einwandern, und dass sie sich wegen ihrer Herkunft aus einer anderen Nation sowohl ethnisch und kulturell von der Gesellschaft des Einwanderungslandes unterscheiden. Oft geht dieses idealtypische Modell davon aus, dass Integration seitens der Migranten eine Anpassung an eine kulturell homogene Nation bedeutet; wobei unter Nation die dominante Ethnizität in einem Staat verstanden wird. Mit der Idee einer homogenen Nation ist oft auch ein „Containermodell" verbunden, welches das soziale Leben der Migranten auf das Immigrationsland reduziert und die vielfältigen Verflechtungen über Ländergrenzen hinweg, etwa durch Rücküberweisungen

T. Faist et al., *Mobilität statt Exodus*,
https://doi.org/10.1007/978-3-658-33351-5_5

in Herkunftsländer oder grenzübergreifende politische Aktivitäten, vernachlässigt (Faist 2000a, S. 195–241; Faist et al. 2014). Modelle, welche die Vielfalt moderner Gesellschaften über ethnische, rechtliche und kulturelle Differenzen von Gruppen hinaus unter Stichworten wie Diversität und Pluralität berücksichtigen und die transnationalen Bindungen von Migranten einbeziehen, werden allerdings diskursiv immer einflussreicher (Faist 2000b, S. 339–392).

Für die postkolonialen Staaten Afrikas können das skizzierte Kugel- bzw. Containermodell und die in ihm enthaltene Gleichsetzung kaum Gültigkeit beanspruchen. Afrikanische Staaten entstanden nicht als Manifestationen politischer Souveränität einer nationalen Gemeinschaft mit gemeinsamer Kultur, sondern ihre Grenzen wurden von den Kolonialmächten zumeist ohne Rücksicht auf vorhandene kulturelle Differenzen und ethnische Unterscheidungen gezogen. Mehr noch als in Europa kann daher hier von einer „Erfindung der Nation" (Anderson 2006) – und zwar eine Erfindung von außen – gesprochen werden, da Subjektkategorien wie „Nigerianer", „Kongolesen" oder „Südafrikaner" aus dem historischen Nichts ins Leben gerufen wurden.[1] Fragilität und mangelnde Steuerungs- und Regelungskapazitäten einiger afrikanischer Staaten erschwerten dabei die Ausbildung von „eigenen" nationalen Identitäten im Sinne von „Willensnationen". In vielen Staaten Afrikas haben sich dennoch mittlerweile distinkte nationale Alltagskulturen ausgebildet, die sich von denen der Nachbarländer unterscheiden (vgl. Bierschenk 2003). Die überwiegend negativen Zuschreibungen afrikanischer Staaten wie „fragil", „gescheitert", „schwach", „kriminell" gründen v. a. darauf, dass der afrikanische Staat meistens vor dem Hintergrund der Staatsidee nach Max Weber dargestellt wird, die auf einem im globalen Norden weit verbreiteten Verständnis von Staat als einer hierarchisch und bürokratisch organisierten politischen Ordnung basiert (Weber 1980, S. 821–824).[2] Andererseits

[1] Von einer Erfindung der Nation von außen kann man dabei in Afrika in einem doppelten Sinne sprechen. Bekannt ist, dass heutige Staatsgrenzen in Afrika zuallermeist von den Kolonialmächten gezogen und so die heutigen Nationen geschaffen wurden. Neben den einzelnen Nationen ist aber darüber hinaus auch das Konzept des Nationalstaates als solches eines, das von Europäern nach Afrika gebracht und dann von den antikolonialen Befreiungsbewegungen adaptiert wurde. Vorkoloniale politische Gemeinwesen in Afrika zeichneten sich beispielsweise oft durch unscharfe, fluide Grenzen aus und waren häufig um ein Machtzentrum herum organisiert, von dem aus politische Autorität ins Umland ausstrahlte und dabei mit steigender Entfernung abnahm (Speitkamp 2009, S. 39–59). Dies bildet einen deutlichen Kontrast zum idealtypischen Nationalstaat, der innerhalb eines exakt demarkierten Territoriums überall in gleichem Maße Souveränität ausübt.

[2] Es gilt hier allerdings zu erwähnen, dass es afrikanische Staaten gibt, die derartigen Zuschreibungen nicht entsprechen, wie z. B. Botswana (stabile Demokratie seit der Unabhängigkeit) oder Ruanda (recht hohes Maß an staatlicher Kontrolle, gelungener Wiederaufbau nach dem

gibt es in den letzten Jahren Ansätze, diese Defizit-Perspektive zu überwinden und theoretische Konzepte zu entwickeln, die die lokalen politischen Realitäten in afrikanischen Staaten treffender beschreiben.[3] Insbesondere das Konzept „Heterarchie", ursprünglich aus den Neurowissenschaften, versucht die Konzentration auf den Staat zu überwinden (Hüsken und Klute 2015, S. 323–324). Im Gegensatz zu Hierarchie geht es um einen prozessualen Charakter von Politik, um eine differenzierte Verteilung von Machtschwerpunkten durch unterschiedliche (auch nicht-staatliche, sondern z. B. traditionell etablierte) Akteure sowie die fließenden und sich ändernden Beziehungen innerhalb einer Entität, deren Komponenten sich in immer neue Konstellationen aufteilen und wiedervereinigen können. Als eindrücklichste Beispiele werden das heutige Libyen sowie der Norden Malis herangezogen (ebda.).

Postkoloniale Grenzziehungen

Infolge des Kolonialismus leben in Afrika oft dies- und jenseits staatlicher Grenzen Angehörige der gleichen ethnischen Gruppe, da die koloniale Grenze quer durch ihr Lebensgebiet hindurch gezogen wurde. Beispielsweise wird die Ogaden-Provinz im Osten Äthiopiens mehrheitlich von ethnischen Somalis bewohnt, und die Grenze zwischen Nigeria und Niger verläuft durch das Lebensgebiet der Hausa. Ein weiteres eindrückliches Beispiel ist neben den schon erwähnten Fulbe die Gruppe der Mande-Sprachen und -Ethnien, die in Westafrika über 11 Länder verteilt sind und die Tuareg, die keinen eigenen Staat bilden.

Außerdem umschließen die postkolonialen Grenzen oftmals eine Vielzahl verschiedener Ethnien, sodass afrikanische Staaten meist kulturell äußerst heterogene Vielvölkerstaaten sind. In Extremfällen wie den riesigen Flächenstaaten Nigeria und Kongo kann dies bedeuten, dass unter der einheimischen Bevölkerung desselben Landes mehrere hundert verschiedene Sprachen gesprochen werden und zusätzlich die Sprache der ehemaligen Kolonialmacht als landesweite *lingua franca.* Diese wird aber nicht von allen sozialen Schichten gleichermaßen

Genozid). Zum Fall Ruanda muss einschränkend hinzugefügt werden, dass dies teils durch Ausplünderung des Ostkongo und um den Preis einer autoritären Regierung unter Kagame erkauft wurde.

[3] Im Gespräch sind hier Konzepte wie „Governance in Räumen begrenzter Staatlichkeit" (Risse und Lehmkuhl), der „heterogene Staat" (Sousa Santos), die Idee einer „polycephaly" v. a. auf der lokalen Ebene (Bierschenk und Olivier de Sardan), „oligopolies of violence" (Mehler) oder „hybrid political orders" (Boege et al.) sowie zuletzt „Heterarchie" (siehe Zusammenfassung bei Hüsken und Klute 2015).

beherrscht. In Nigeria ist das Land ferner auch religiös gespalten, in einen muslimischen Norden und einen christlichen Süden.[4] Aber auch kleinere afrikanische Staaten sind zumeist von einem Maß an Heterogenität gekennzeichnet, welches jeden Versuch der Gleichsetzung von Kultur, Ethnie und Nation zum Scheitern verurteilt und eine Fiktion der Deckungsgleichheit von Nation und Staat von vornherein verunmöglicht. In Uganda beispielsweise leben, auf einem Gebiet von der Größe Großbritanniens, Menschen aus mehr als dreißig verschiedenen Ethnien, die diverse Sprachen aus zwei unterschiedlichen Sprachfamilien sprechen.

Damit kann Integration in Afrika kaum auf der Basis von Modellen verstanden werden, die von einem ethnisch und kulturell geschlossenen, homogenen Nationalstaat ausgehen. Weitaus angemessener erscheint es, Integration in Afrika vor dem Hintergrund des Ansatzes einer transkulturellen Gesellschaft (Welsch 2010) bzw. einer (auch ethnisch) pluralen Gesellschaft (*plural society,* Furnivall 1948) zu verstehen, da dieser die eben nur vermeintliche Einheit von Nation, Kultur und Staat aufhebt. Es geht darum, auch Fälle zu berücksichtigen, in denen ein nationales ‚Wir' eine derart heterogene Population umfasst, wie es in Afrika meist der Fall ist (Gehring 2016).

Toleranz und Fremdenfeindlichkeit in der „Regenbogennation" Südafrika
Die ethnische, kulturelle (z. B. sprachliche) und „rassische" Heterogenität afrikanischer Staaten tritt besonders eindrücklich in Südafrika zutage. Seit dem Ende der Apartheid kommt sie auch im Selbstverständnis als „Regenbogennation" oder in der vielsprachigen Nationalhymne zum Ausdruck. Diese symbolische Wertschätzung des gleichberechtigten Zusammenlebens von Menschen aus unterschiedlichen Bevölkerungsgruppen in einer „bunten" Gesellschaft schlägt sich jedoch kaum in besonderer Offenheit und Toleranz für Migranten aus anderen Ländern nieder. Während etwa Achille Mbembe (2015) Johannesburg als Zentrum eines weltoffenen „Afropolitanismus" sieht oder Bukasa (2018) von Migranten gegründete Pfingstkirchengemeinden als Orte benennt, an denen jenseits nationaler, ethnischer und kultureller Grenzziehungen Gemeinschaften entstehen, gibt es viele andere Beispiele für Indifferenz oder offene Fremdenfeindlichkeit.

Dies zeigt sich nicht nur ein von Mbembes Einschätzungen deutlich abweichenden Schilderungen des Lebens von Migranten in Johannesburg (Landau und Freemantle 2018; Makina 2010), sondern auch an fremdenfeindlicher Gewalt gegenüber Migranten, nicht zuletzt solchen aus dem Nachbarland Simbabwe.

[4]Neben den großen monotheistischen Religionen koexistieren zudem „traditionelle" Religionen, Animismus, Schamanentum oder Voodoo. Häufig werden Elemente aus den monotheistischen sowie „traditionellen" Religionen im Alltag kombiniert. Auch können mehrfache Konversionen vorkommen, z. B. vom Christentum zum Islam und wieder zurück.

Diese kann sich z. B. in tödlichen Angriffen auf Migranten oder auch in der Zerstörung von Migranten betriebener Geschäfte äußern. Darüber hinaus haben Migranten auch psychisch unter der Fremdenfeindlichkeit zu leiden. Das Ziel, Migranten auf diese Weise zu einer Rückkehr ins Herkunftsland zu veranlassen, wird allerdings in der Praxis gerade im Fall von Simbabwern kaum erreicht: Angesichts der sehr schwierigen Verhältnisse in Simbabwe versuchen sie trotz allem lieber, so gut wie möglich in Südafrika zurecht zu kommen. Erschwert wird dies durch die aus Sicht der Migranten völlig unzureichende Unterstützung sowohl durch die simbabwische als auch durch die südafrikanische Regierung. Gerade letztere reagiert auf fremdenfeindliche Gewalt zumeist, indem sie Fremdenfeindlichkeit verleugnet und die Angriffe als Teil der gewöhnlichen Kriminalität abtut (Crush et al. 2017; Crush 2017; Thela et al. 2017; Misago 2016).

Quantitative Befragungen zeigen, dass fremdenfeindliche Einstellungen in Südafrika weit verbreitet sind. Ihre Prävalenz unterscheidet sich aber im Vergleich verschiedener Bevölkerungsgruppen, etwa in Abhängigkeit vom Bildungsstand oder vom Ausmaß des Kontakts zu Migranten. Dabei zeigen manche Studien, dass im Zeitverlauf einerseits soziale Beziehungen zwischen Südafrikanern und Migranten zu- und andererseits fremdenfeindliche Einstellungen abgenommen haben, wenngleich sie sich weiterhin auf hohem Niveau bewegen. Dieser Zusammenhang ist auch aus anderen Ländern, z. B. Deutschland, bekannt und gibt Anlass zur Hoffnung, dass mit der Zeit vielleicht doch ein spürbarer Rückgang der Fremdenfeindlichkeit einsetzen könnte (Gordon 2018; Gordon 2015; Crush et al. 2012).

Migration zwischen Simbabwe und Südafrika und die südafrikanische Abschottungspolitik

Angesichts der Verbreitung fremdenfeindlicher Einstellungen gegenüber Migranten in der südafrikanischen Bevölkerung verwundert es nicht, dass die Migrationspolitik der Regierung gegenüber Simbabwe, welche als eine Politik der Abschottung charakterisiert werden kann, Rückhalt genießt (Crush und Chikanda 2014, S. 560–564).

Migration von Simbabwe nach Südafrika stellt sich als sehr vielfältig dar, da zu unterschiedlichen Zeiten unterschiedliche Migrationsursachen (etwa wirtschaftliche oder politische Gründe) dominieren bzw. sich im konkreten Einzelfall vermischen. Ebenso ist das sozio-ökonomische Profil der Migranten, etwa mit Blick auf das Geschlecht und den sozio-ökonomischen Status, divers und verändert sich im Zeitverlauf. Und auch die Intention der Migranten unterscheidet sich, sodass manche nur vorübergehend, andere hingegen langfristig oder dauerhaft in Südafrika leben möchten (Crush et al. 2012; Crush und Tevara 2010)

Dieser Migration steht eine Politik gegenüber, die in erster Linie auf Abschottung und Kontrolle von Migration anstelle von Integration und der Beachtung der Rechte von Migranten bedacht ist. Erst in den letzten Jahren verschärfte die südafrikanische Regierung ihre Flüchtlingspolitik mit dem Ziel, Südafrika für Flüchtlinge unattraktiv zu machen, etwa durch die geplante Unterbringung von Asylbewerbern in Lagern (Crush et al. 2017). Asylanträge von Simbabwern in Südafrika werden kaum anerkannt (dies., S. 5; Crush und Chikanda 2014, S. 563). Und schon vor den Verschärfungen der politischen Regelungen konnten Migranten aus Südafrika Rechte, die ihnen auf dem Papier zustanden, in der Praxis nicht immer wahrnehmen (Bloch 2010).

Besonders eindrücklich zeigt sich die restriktive Seite der südafrikanischen Migrationspolitik anhand von Abschiebungen. So nahm Südafrika zwischen 1988 und 2010 über 2,5 Mio. Menschen fest und deportierte diese. Das sind mehr als in jedem anderen Land weltweit in diesem Zeitraum.[5] Die meisten dieser Personen stammen aus Anrainerstaaten, allein 80 % davon aus Mosambik, Simbabwe und Lesotho (Feltes et al. 2018, S. 561, 569). Die regionale Übermacht erleichtert es Südafrika Mobilität ins Land einzuschränken, inklusive grenzüberschreitendem Handel. Nicht zuletzt wird dies auf die weitverbreitete fremdenfeindliche Haltung zurückgeführt (dies., S. 568–569). Südafrika ist also im Hinblick auf Integration ein Fall, der durch viele Widersprüche gekennzeichnet ist.

Integration von Flüchtlingen? Lager vs. lokale Integration

Der südafrikanische Plan, Asylbewerber in Lagern unterzubringen, entspricht einer im globalen Süden verbreiteten Präferenz für Flüchtlingslager, für den insbesondere drei Gründe ausschlaggebend sind: Durch die Konzentration an bestimmten Orten sind Flüchtlinge leichter zu kontrollieren. Damit kann ihre Versorgung einfacher organisiert werden. Auch aus sicherheitspolitischer Perspektive erscheint dies vorteilhaft. Die Sichtbarkeit von Flüchtlingen in Lagern erleichtert es außerdem, internationale Unterstützung bei ihrer Versorgung zu erlangen (Bakewell 2014, S. 128, 134–135).

> „[E]ncampment refers to a policy which requires refugees to live in a designated area set aside for the exclusive use of refugees, unless they have gained specific permission to live elsewhere. The host state is obliged to ensure that the human rights of the refugees

[5] Mittlerweile haben die USA diese Zahlen weit überschritten (https://www.dhs.gov/immigration-statistics/yearbook/2015/table39) ebenso wie eine bisher unbekannte Anzahl an Ausweisungen durch Saudi Arabien: https://www.hrw.org/news/2015/05/09/saudi-arabia-mass-expulsions-migrant-workers.

are upheld, including the rights to shelter, food, water, sanitation and healthcare, and education, but how these are delivered varies enormously." (Ders., S. 129).

Dementsprechend können auch Flüchtlingslager ganz unterschiedlich aussehen – *„we may be considering anything from areas enclosed by barbed wire, akin to prisons, to open villages."* (Ders., S. 127) Der Ansatz, Flüchtlinge in dorfähnlichen, landwirtschaftlichen Siedlungen unterzubringen, wurden in den 1970er und 1980er Jahren in vielen afrikanischen Ländern erprobt, insbesondere im Sudan, in Tansania, in Sambia und in Uganda (ders., S. 130).

Flüchtlingslager sind zunächst einmal Teil eines humanitären Ansatzes, der auf die Ankunft größerer Gruppen von Flüchtlingen reagiert. Aufgrund dessen spielt der Gedanke der Integration von Flüchtlingen hier zunächst keine Rolle und wird auch von den meisten afrikanischen Regierungen abgelehnt (ders., S. 134–135):

„Integration is a function of social and economic interactions between refugees and host populations, and yet camp- and settlement-based refugees and asylum seekers lack freedom of movement and residence and therefore cannot interact with host populations. […] As such, the aim of 'local settlement' is to provide refugees with a confined geographical space where they can maintain and perpetuate their 'Otherness' without being able to intermingle with nationals." (Kibreab 2014, S. 580–581)

Eine weitere Problematik entwickelt sich daraus, das Flüchtlingslager als Teil einer humanitären Politik in einem Ansatz verwurzelt sind, der bisweilen sehr exklusiv auf die kurzfristige Hilfe in akuten Notsituationen zielt (Barnett 2014). Als paradigmatisch hierfür kann die humanitäre Operation in Flüchtlingslagern in Goma, DR Kongo, gelten, wo nach dem Genozid und Bürgerkrieg in Ruanda in kürzester Zeit mehr als eine Million Menschen aus Ruanda ankamen.[6] Die große und zunehmende Mehrheit der Flüchtlinge auf der Welt, darunter viele Flüchtlinge in Afrika, leben aber in einer *protracted refugee situation* (PRS). Viele von ihnen können erst nach Jahrzehnten in ihre Herkunftsländer zurückkehren. In der Zwischenzeit wachsen in den Lagern im Exil geborene Kinder zu Erwachsenen heran, für die sich nicht mehr sinnvollerweise von einer „Rückkehr" ins „Heimatland" sprechen lässt, wenn die PRS schließlich endet (Milner 2014, S. 152–153). Damit

[6]Die Tatsache, dass es sich bei diesen mitnichten um Überlebende des Genozids aus der verfolgten Gruppe der Tutsi handelte, sondern um Angehörige der Hutu-Mehrheit, darunter neben Bürgerkriegsflüchtlingen auch Täter des Genozids, hat anschließend zu Kritik an der humanitären Operation in Goma geführt, da Hilfe für unschuldige, notleidende Menschen Hand in Hand ging mit faktischer Unterstützung extremistischer Völkermörder (Prunier 2010, S. 24–36). Eine Diskussion des sich aus einer solchen Situation ergebenden ethischen Dilemmas würde an dieser Stelle allerdings zu weit führen (für eine solche siehe: Passant 2009).

enthalten Fragen der Integration eine ganz andere Virulenz, als wenn Flüchtlinge nur übergangsweise in Lagern leben und binnen weniger Jahre in die Heimat zurückkehren würden.

Zudem ist zu bedenken, dass im Anschluss an eine PRS die keinesfalls unproblematische Reintegration ins Herkunftsland zu bewältigen ist. Die Rückkehr ins Herkunftsland ist mitnichten mit einer einfachen Rückkehr ins Leben vor der Flucht gleichzusetzen (sofern es ein solches denn überhaupt gab – siehe die angesprochenen, im Exil geborenen und aufgewachsenen Flüchtlinge zweiter Generation). Konkret können Probleme im Kontext der Reintegration etwa dann auftauchen, wenn Flüchtlinge zwar ins Herkunftsland, aber nicht an den Herkunftsort zurückkehren können, oder wenn die Rückkehr mit einer spürbaren Veränderung des Lebensstandards verbunden ist (Hammond 2014, S. 505 f.).

Ein bekanntes Beispiel für Menschen in einer PRS sind die Somalier in Kenia, die infolge des seit Anfang der 1990er Jahre anhaltenden Bürgerkrieges geflohen sind. Das mehrheitlich von Flüchtlingen aus Somalia bewohnte Flüchtlingslager Dadaab war mit mehreren Hunderttausend Einwohnern, darunter inzwischen Migranten der dritten Generation, bis vor kurzem das größte Flüchtlingslager der Welt. Später wurde es vom ugandischen Bidi Bidi, in dem über 200.000 Südsudanesen leben, in dieser Position abgelöst (Watera et al. 2017, S. 2).

Ein weiteres, hinsichtlich der Einwohnerzahl mit einer Großstadt vergleichbares Flüchtlingslager in Kenia ist Kakuma. Dieses wird von Jansen (2017) als Ort beschrieben, der zwar nie als derart lange Ansiedlung gedacht gewesen sei, sich in der Praxis aber zu einer Lokalität entwickelt habe, an dem die Koexistenz von Selbstregulierung und humanitärer Leitung sowie *„the existence of a category of people whose lives are shaped by mobility and uncertainty"* zur permanenten Routine geworden sei (Jansen 2017).

Das Lager sei sowohl für die dort lebenden Flüchtlinge als auch für die in der Nähe wohnenden Kenianer vorteilhaft, da durch die Existenz des Lagers die Entwicklung der gesamten Region begünstigt werde (dies.). Zu einem ganz anderen Urteil kommt Kreibaum (2016, S. 2) im Hinblick auf das Flüchtlingslager Dadaab: *„The camp has an isolated location in the desert. Its residents are not permitted to leave or work; leaving them dependent on aid as a consequence."* Darüber hinaus wird auch an positiven Darstellungen von Kakuma und den sich dort (angeblich) bietenden Chancen und Vorteilen für Flüchtlinge teils deutliche Kritik geübt (Brankamp 2018).

Ebenfalls uneinheitlich fällt das Urteil über die dorfartigen Flüchtlingslager in Uganda aus, auf die ausführlich in Kap. 6 eingegangen wird. Insgesamt überwiegen in der Forschung zu Flüchtlingslagern im globalen Süden allerdings Studien, die zu einem negativen Urteil kommen (Bakewell 2014, S. 127). Lager für

Geflüchtete würden zwar oft für eine schlechte Option gehalten, Alternativen dazu wären aber kaum bekannt oder würden nicht berücksichtigt (Ders., S. 136).

Integration von Flüchtlingen: Repatriierung, Resettlement und lokale Integration
Grundsätzlich lassen sich drei Alternativen benennen, die unter dem Begriff der *durable solutions* zusammengefasst werden, nämlich die Rückkehr von Flüchtlingen ins Heimatland, ihre Ansiedlung in einem anderen Land, und die lokale Integration in die Gesellschaft des Landes, wo sie (zunächst) in einem Lager leben (Hovil 2014, S. 488). Unterscheiden lassen sich eine De-facto- und eine De-jure-Dimension lokaler Integration, die sich auf das tatsächlich stattfindende Zusammenleben mit Einheimischen bzw. auf den Erwerb der Staatsbürgerschaft beziehen (dies., S. 489–490). Sowohl die faktische als auch die gesetzliche Integration von Flüchtlingen werden von Regierungen meist abgelehnt. Erstere findet dementsprechend oftmals vor allem dann statt, wenn Flüchtlinge sich entgegen der politischen Vorgaben außerhalb von Lagern ansiedeln (dies., S. 488–490). Neben der Lagerpolitik und den damit verbundenen Einschränkungen der Bewegungsfreiheit, welche für faktische Integration wesentlich ist, steht auch eine verbreitete Abneigung von Regierungen, Flüchtlingen die Staatsbürgerschaft zu gewähren, der lokalen Integration im Wege (dies., S. 492 f.). Trotzdem gelingt es selbstangesiedelten Flüchtlingen immer wieder, sich lokal zu integrieren, was allerdings mit einer prekären Situation faktischer Staatenlosigkeit einhergeht, wenn sie durch die Selbstansiedlung ihren Schutz als Flüchtlinge verlieren (dies., S. 493 f.).

Gegen diese allgemeinen Tendenzen hebt sich der Fall der Einbürgerung von über 100.000 burundischen Flüchtlingen in Tansania ab 2008 ab. Es ist das einzige neuere Beispiel für einen Versuch, der Herausforderung durch Masseneinbürgerungen zu begegnen (dies., S. 494). Die Entscheidung stand im Zusammenhang mit dem Wunsch der tansanischen Regierung, die Lager aufzulösen, in denen seit Jahrzehnten Flüchtlinge aus Burundi lebten, sodass diesen die Wahl zwischen einer Rückkehr nach Burundi und einer Einbürgerung, verbunden mit einem Umzug an einen anderen Ort in Tansania, gegeben wurde. Letzteres wurde von den meisten Flüchtlingen bevorzugt (Kuch 2016, S. 471–472). Dies ist darauf zurückzuführen, dass sie nach Jahrzehnten in Tansania (die Mehrheit war nach der Flucht der Eltern dort geboren) zwar schon ein hohes Maß faktischer Integration erreicht hatten, aber der Auffassung waren, auch die Staatsbürgerschaft zu benötigen, um vollends integriert zu sein (dies., S. 476). An diese knüpfen sich das Recht auf Bewegungsfreiheit, das mit anderen Rechten wie der freien Wahl des Arbeitsplatzes verbunden ist, Rechte auf politische Partizipation und Beteiligung an Wahlen und (gefühlte) Sicherheit sowohl im Sinne von physischer Sicherheit als auch im Sinne von Planungssicherheit für die Zukunft (dies., S. 476–481). Ein weiterer Grund, weswegen sich die Mehrheit der Flüchtlinge für die Einbürgerung in Tansania entschied, ist, dass sie sich inzwischen anders als noch in früheren Jahrzehnten stark mit Tansania identifizierten (dies., S. 481–482).

Neben lokaler Integration spielen Rückkehr und Repatriierung eine große Rolle. In Westafrika beispielsweise sorgten Ende der 90er und Anfang der 2000er z. T. sich gegenseitig anfachende Bürgerkriege in Sierra Leone, Liberia, Guinea-Bissau und schließlich in Côte d'Ivoire, in dessen Zuge das Land in zwei Lager und quasi Teile fiel (2002–2006), für über 1,5 Mio. Geflüchtete und intern Vertriebene. Dies führte zu solch komplexen Situationen, dass liberianische Flüchtlinge, die in Lagern von Côte d'Ivoire untergebracht waren, dort überstürzt vom UNHCR nach Guinea oder Ghana evakuiert wurden, als dort die Krise ausbrach. Bis heute ist der Großteil der Geflüchteten und intern Vertriebenen häufig mit Unterstützung des UNHCR oder der IOM nach und nach wieder an ihre Heimatorte zurückgekehrt. Westafrikaner, die v. a. in Côte d'Ivoire arbeiteten, flüchteten mit Ausbruch der Krise zurück nach Burkina Faso, Mali, Ghana und Guinea (Drumtra 2003). Eine erneute Krise und ein Bürgerkrieg in Côte d'Ivoire nach den Präsidentschaftswahlen 2010/2011 trieben in kurzer Zeit wieder über eine Millionen Menschen in die Flucht. Viele der dort arbeitenden Westafrikaner verließen erneut das Land. Heute sind noch etwa 22.000 Ivorer in Liberia, Ghana, Guinea und Togo.[7] Die Rückkehr und Repatriierung allerdings stellt Menschen und Staaten häufig vor große Herausforderungen: Nach Mali kehrten im Zuge der beiden Krisen etwa 2 Mio. Menschen zurück, von denen viele wiederholt auswanderten. Dennoch bleibt ein Großteil der Menschen und versuchte, ökonomisch in dem seit 2012 selbst von einer Krise geschüttelten Land zurechtzukommen. Dies erfolgte v. a. selbstorganisiert (Cassarino 2014).

Unter den drei Optionen lokale Integration, Umsiedlung und Rückkehr bzw. Repatriierung ist die letzte am wenigsten systematisch erforscht (Collyer 2018). Die bisher vorliegenden Erkenntnisse verlangen dringend nach mehr Einsichten. So wäre es etwa wichtig zu wissen, was sich hinter der Statistik verbirgt, dass sich 70 % der zurückgekehrten bzw. deportierten Asylsuchenden in Afrika nicht re-integrieren konnten (Koser und Kuschminder 2015, S. 110). Bisher gibt es dazu keine systematisch gewonnenen Erkenntnisse. In diesem Zusammenhang wird teilweise kritisiert, dass es bei Rückkehrprogrammen lediglich darum gehe, die abgelehnten Asylsuchenden aus dem Ankunftsland zu entfernen (Cassarino 2015,

---

[7] UNHCR, Operational Portal. Refugee Situations. https://data2.unhcr.org/en/situations/ivorianreturnee.

S. 110–111, 219). Auch die „freiwilligen Rückkehrprogramme" werden beispielsweise als erzwungen bzw. als eine Art unterstützter Selbstdeportation eingestuft (Collyer 2018, S. 122, 124).

Nichtsdestotrotz verweist diese kritische Diskussion durchaus auf mögliche positive Aspekte von Rückkehr für die Entwicklung der Ursprungsländer (u. a. UNHCR 2004, S. 6; Black und Ghent 2004). Ein Beispiel ist die mit Friedensnobelpreis ausgezeichnete Leymah Gbowee, die als Flüchtling aus Ghana nach Liberia zurückkehrte und dort später die Widerstandsbewegung von Frauen gegen den Krieg anführte. Damit es Potenzial für positive Effekte gibt, sollten drei Aspekte gegeben sein (Collyer 2018, S. 123): Arbeitserfahrung und Kenntnisse der Rückkehrer; Sozialkapital der Rückkehrer; und die Rückkehr kann geplant werden. Diese Anforderungen verweisen darauf, dass Rückkehr nur dann diese Chance für Entwicklungseffekte bietet, wenn sie wirklich selbst entschieden worden, vorbereitet *(preparedness)* und eingebunden *(embeddedness)* sei (vgl. Cassarino 2016; Ruben et al. 2009).

In einer vergleichenden Studie zu Rückkehrern in Mali, Armenien und Tunesien wird die Bedeutung einer Art Migrationskreislauf deutlich. Als Migrationskreislauf wird in diesem Zusammenhang die Auswanderung, die Einwanderung in ein anderes Land sowie die Rückkehr verstanden und die jeweiligen Gegebenheiten in diesen Phasen betrachtet. Wenn dieser Kreislauf unvollständig oder unterbrochen ist, wie etwa im Falle von Maliern, die aus Côte d'Ivoire zurückkehren, ist es für die Betroffenen besonders schwer, sich ökonomisch wieder einzugliedern. Familiäre Unterstützung kann hier möglicherweise Abhilfe schaffen, mit Unterkunft und erster Orientierung und auch beim Finden einer neuen Arbeit, z. B. über Verwandtschaftsnetzwerke oder in der familiären Landwirtschaft. Die Familie spielt in jeder Phase des Migrationskreislaufs und der Einbindung einer Person eine Rolle, etwa durch Mitfinanzierung der Ausreise, bei der Wahl der Destination sowie der sozialen Integration bzw. Reintegration vor Ort. Dies unterstreicht die Bedeutung von Großfamilien in Westafrika. Abgesehen davon sind auch Freunde sowie vereins- und andere assoziative Tätigkeiten nach der Rückkehr von großer sozioökonomischer Bedeutung (vgl. Cassarino 2014; Candela 2012).

Eine Studie zu den Repatriierten und Zurückgekehrten in Mali aus Côte d'Ivoire im Zuge des Konflikts 2002 findet zudem, dass die Rückkehr und Wiederaufnahme für die Betroffenen schmerzhaft waren, was aber keine großen sozialen Konflikte erzeugte (Camara et al. 2011). Die Bevölkerung, allen voran Familien, Zivilgesellschaft wie Regierung haben viel getan, die Menschen wieder aufzunehmen, die meistens während der Zeit der Emigration Kontakt gehabt hatten. Allerdings war die sozio-ökonomische Reintegration häufig schwierig bis unmöglich. Dies wird u. a. einem Versagen des Staates zugeschrieben, die Kenntnisse der Rückkehrer, z. B. der jungen Studienabgänger in Mali, anzuerkennen und ausreichend Ausbildungs- sowie Beschäftigungsmöglichkeiten zu schaffen; etwa durch Weiterverarbeitung von landwirtschaftlichen Produkten. Auch die staatliche Unterstützung, wieder etwas aufzubauen und Fuß zu fassen, sei unzureichend. Ein großer Verdienst wird der westafrikanischen Integrationskapazität zugeschrieben (die durch postkoloniale Nationalstaatsgrenzen in Frage gestellt sind), aus der das fremdenfeindliche Konzept der *„Ivoirité“*[8], das im Zuge der Krise 2002 propagiert wurde, herausfiel. Die Errungenschaften der ECOWAS sowie UEMOA *(Union Economique et Monétaire Ouest Africaine)* sollten in diesem Sinne intensiviert werden (vgl. Black und King 2004).

Mobilität und Offenheit gegen Abgrenzung und Nativismus
Zusammenfassend ist noch einmal zu betonen, wie selbstverständlich Mobilitätsprozesse quer über Ländergrenzen hinweg auf dem afrikanischen Kontinent sind. Insofern wäre es unrealistisch, von afrikanischen Staaten als Container auszugehen. Ein Containermodell von Staatlichkeit wäre im Übrigen auch für andere Teile der Welt unangemessen. Angesichts der vielfältigen politischen, wirtschaftlichen und kulturellen Vernetzungen über (fast) alle Staaten der Welt hinweg ist dies keine afrikanische Besonderheit. In vielen Teilen Afrikas tritt die Vernetzung über Grenzen hinweg nur umso deutlicher hervor, als hier durch die Kolonialmächte Staatsgrenzen quer durch Territorien von ethnischen Gruppen gezogen wurden. Zentral sind in diesem Falle Fragen der Integration von Migranten. Auch in afrikanischen Ländern ist ein Anwachsen von Nativismus und Ausgrenzung von Migranten beobachtbar (Kersting 2009). Besonders augenfällig ist die wachsende Betonung von ethnischer Zugehörigkeit als Merkmal der Integration. Daher ist es häufig für Migranten schwieriger geworden, auch nach langen Jahren der Niederlassung in einem anderen Land als (voll) zugehörig anerkannt zu werden, sozial und legal. Beispiele aus Westafrika legen nahe, dass es in manchen Fällen sogar unmöglich ist, die volle Staatsbürgerschaft zu erreichen, also Zugehörigkeit und die grundlegenden Teilhaberechte. Es lassen sich also zwei gegenläufige Prozesse ausmachen: einmal eine gegenüber der Vergangenheit sogar erhöhte grenzübergreifende Mobilität in Afrika (Kap. 1) und zum anderen eine wachsende Bedeutung von Lokalität als Determinante für soziale Anerkennung und Zugehörigkeit. Letztere wird von manchen Beobachtern auch als Kehrseite der

[8] *Ivoirité* zielt seit Mitte der 1990er Jahre auf eine umfassende politische und materielle Ausgrenzung eines Großteils der in Côte d’Ivoire lebenden, ausländischen Bevölkerung, indem dieser aufgrund seiner nationalen, sprachlichen, religiösen Zugehörigkeiten entrechtet wurde. Diese Exklusionspolitik wurde seitdem von verschiedenen Regierungen betrieben.

Globalisierung interpretiert; nicht nur für Afrika, auch für Europa (Geschiere 2009).

In Afrika sind Restriktionen, Schwierigkeiten bei Integration oder gar Fremdenfeindlichkeit regional sehr unterschiedlich ausgeprägt und weisen mehrere Ursachen auf (Whitehouse 2012, S. 134–135). Eine erste Quelle liegt im Kolonialismus, der als Mittel zur Kontrolle der lokalen Bevölkerung eindeutige Zuordnungen von kulturellen Gruppen zu Territorien vornahm und dadurch Verwurzelung und nicht Mobilität betonte. Zweitens lässt sich die steigende Kommodifizierung der Landwirtschaft anfügen, in Kombination mit Verwandtschaftsbeziehungen, die auch ökonomische Transaktionen prägen. So kann für landwirtschaftlich genutzte Flächen eine höhere Pacht von Fremden erzielt werden. Drittens spielt auch die post-koloniale Nationalpolitik eine Rolle. Beispielsweise können über nativistische Diskurse unliebsame Konkurrenten durch Verweis auf ihre Nicht-Zugehörigkeit ausgegrenzt werden. Viertens kann auf ökonomische Krisen und Landknappheit verwiesen werden, auch wenn diese Faktoren mit Vorsicht behandelt werden müssen, da Exklusionsprozesse auch unter Abwesenheit von Ressourcenknappheit zu beobachten sind. Alle diese Faktoren können als „cult of locality" (Mbembe 2002, S. 266) interpretiert werden, der die Spannung zwischen nativistischen Diskursen einerseits und Offenheit gegenüber Migranten andererseits befördert.

Gegenüber der Metapher der „Verwurzelung" sind auch Stimmen hörbar, die Zugehörigkeit als „Anker" sehen, die Migranten werfen (Whitehouse 2012, S. 134). Etliche Stimmen von Wissenschaftlern und Künstlern, aber auch Migranten selbst sind gegen eine „geography of identity" gerichtet. Sie formulieren kosmopolitische Visionen (Appiah 2006), indem sie auf Lehren aus der Geschichte verweisen: Nicht Ab- und Ausgrenzung von Migranten stellten eine dominante soziale Norm über Jahrhunderte hinweg, sondern Mobilität und Offenheit.

6 Migrations- und Flüchtlingspolitik in Afrika

Innerhalb Afrikas ist wie in Europa ein Trend zu restriktiverer Asyl- und Flüchtlingspolitik zu konstatieren. Und wie auch in Europa ist Migrations- und Flüchtlingspolitik in Afrika auf einer räumlichen Achse variabel und unterscheidet sich zwischen verschiedenen Regionen und Ländern.

Nordafrikanische Flüchtlingspolitik ist durch die entsprechenden Konventionen der Afrikanischen Union (AU) einerseits, sowie der Arabischen Liga und der Organisation der Islamischen Konferenz andererseits, geprägt. In Algerien leben Flüchtlinge aus Westsahara seit Jahrzehnten in Flüchtlingslagern, die von der am Westsahara-Konflikt beteiligten Polisario-Front gegründet wurden und oft als ideale Lager beschrieben werden. Diese Situationsbeschreibung droht aber, vorhandene Probleme auszublenden und die Suche nach Möglichkeiten, die Situation der Flüchtlinge zu verbessern, zu vernachlässigen (Hanifa 2014, S. 538–542).

(Massen-)Ausweisungen von Migranten und Abschottung gegenüber Flüchtlingen
In Westafrika gab es bereits vor dem Wandel der afrikanischen Flüchtlingspolitik Fälle von Massenausweisungen, so etwa die Ausweisung von Nigerianern aus Ghana 1969 und u. a. von Ghanaern aus Nigeria 1983/1985 wegen einer Öl- und größeren Wirtschaftskrise. Letzteres betraf etwa 1,5 Mio. Menschen, die seit Längerem in dem Land lebten und arbeiteten. Im Sinne einer Anpassungsmaßnahme der arbeitenden Bevölkerung ist wohl der Großteil der innerafrikanischen Ausweisungen zu verstehen, die z. T. bereits während der Kolonialzeit stattfanden (Lecadet 2018). Seit den Unabhängigkeiten der afrikanischen Länder kamen die Nationalstaatsbildungsprozesse und damit verbundene Fremdenfeindlichkeit als Rechtfertigung für Abschiebungen hinzu (Sylla und Schultz 2019; Bredeloup

T. Faist et al., *Mobilität statt Exodus*,
https://doi.org/10.1007/978-3-658-33351-5_6

1995)[1] Wie in europäischen Ländern waren und sind es häufig innenpolitische Gründe und v. a. Ausdruck staatlicher Souveränität für die teilweise extrem gewaltvollen Ausweisungen, die letztlich bestimmen, wer dazu gehört und wer nicht. Beispielsweise vergleicht der Historiker Daouda Gary-Tounkara die heutige Abschiebepraxis Nigerias im „Kampf gegen den Terrorismus von Boko Haram" (2015, S. 26) mit den massiven Ausweisungen von 1983 im Zuge der nigerianischen Wirtschaftskrise. Ein weiterer wichtiger Fall sind die Massenausweisungen bzw. Repatriierungen aus Côte d'Ivoire im Zuge der Krisen 2002 und 2010. 1989, im Rahmen eines weiteren Grenzkonflikts, wurden Mauretanier aus dem Senegal und Senegalesen aus Mauretanien ausgewiesen. Mauretanien nutzte zudem die Gelegenheit, um Staatsbürger, die der gleichen ethnischen Gruppe wie die ausgewiesenen Senegalesen angehörten, zu vertreiben (Bredeloup 1995, S. 119; Fresia 2014, S. 545).

Seit etwa 20 Jahren werden vor allem westafrikanische Flüchtlinge aus Nordafrika ausgewiesen, was direkt mit der europäischen Abschottungspolitik zusammenhängt. Durch bi- und multilaterale Abkommen zur Kontrolle von Migration üben die EU und ihre Mitgliedsstaaten weiterhin auch Einfluss auf die Migrationspolitik westafrikanischer Länder aus. Insgesamt aber stellt, von zeitlich und/oder räumlich begrenzten Ausnahmen abgesehen, Westafrika eher eine Ausnahme vom Trend zu einer Verschärfung der Flüchtlingspolitik dar (Fresia 2014, S. 544–552). In dieser Region finden wir seit langem bestehende ökonomische Bindungen und Verwandtschaftsbande über Ländergrenzen hinweg, die durch den ECOWAS-Rahmen gefördert und verstärkt werden. Während in vorkolonialer Zeit große Wanderungen in der Region aufgrund von Umweltbedingungen und Stammesstreitigkeiten stattfanden, nahmen im 18. und 19. Jahrhundert Handelsmobilität sowie individuelle Migration vornehmlich zu ökonomischen Zwecken zu (Feltes et al. 2018, S. 557). Abgesehen davon war die Sahelzone, teilweise bis heute, von Nomadentum geprägt. In diesem Sinne ist die ECOWAS seit den 1970er Jahren ein Raum der freien Mobilität und Zirkulation. Das trägt vor allem den grenzüberschreitenden Ethnien und der langen Geschichte der Mobilität und z. T. saisonaler Migration Rechnung (Camara et al. 2011; s. o., S. 19).

Andererseits sind diese Bewegungsfreiheiten durch die neueste Welle der Externalisierung in der Migrations- und Flüchtlingspolitik zunehmend bedroht. Dafür gibt es Hinweise auf massive Grenzkontrollen, vor allem im Niger und an den nigrischen Grenzen, aber auch weit darüber hinaus, z. B. nach Mali oder

[1]Bredeloup (1995) zeigt eine Übersicht der intrakontinentalen Abschiebungen von Westafrikanern, bereits während der Kolonialzeit und insbesondere seit den afrikanischen Unabhängigkeiten zwischen 1951–1995.

Burkina Faso (Brachet 2017).[2] Auch Abschiebungen haben in diesem Rahmen eine neue Dimension erfahren. So schob laut dem European Council on Refugees and Exiles (ECRE) und offiziellen algerischen Statistiken allein Algerien im Laufe des Jahres 2018 25.000 Menschen aus Subsahara-Afrika ab; zwischen 2015 und Anfang 2018 waren es etwa 27.000 Menschen aus Staaten südlich der Sahara.[3] In Westafrika und insbesondere Mali wurde mit dem Centre for Migration Management and Information (CIGEM) im Jahre 2008 zudem das erste EU-Migrationszentrum auf dem afrikanischen Kontinent geschaffen, das legale Migrationswege nach Europa ermöglichen sollte, letztlich aber fast ausschließlich für die Rückübernahme von Migranten zuständig war (Dünnwald 2017; Feldman 2012: Kap. 7).

In Südafrika ist, wie schon erwähnt, derzeit eine restriktive Politik gegenüber Flüchtlingen aus Simbabwe zu beobachten. Da oft nicht klar zwischen Flüchtlingen und ökonomisch motivierten Migranten unterschieden werden kann, verweigert Südafrika nahezu allen simbabwischen Asylbewerbern die Anerkennung. Dies steht im Einklang mit starken fremdenfeindlichen Stimmungen in der südafrikanischen Gesellschaft, die es in ähnlicher Form auch andernorts in der Region gibt, und dem außenpolitischen Interesse an guten Beziehungen zu Simbabwe.[4] Auch Botswana setzt auf Abschottung gegenüber (Flüchtlings-)Migration aus Simbabwe. Andererseits wurden seit den 1980er Jahren progressivere Flüchtlingsgesetze in verschiedenen Ländern des südlichen Afrikas formuliert, und in Lesotho, Südafrika und Mosambik können Flüchtlinge Staatsbürger werden (Crush und Chikanda 2014, S. 560–567). Abschottung heißt in diesen Fällen auch ganz konkret massive Ausweisungen, bis hin zu den bereits erwähnten Massenausweisungen (zur Alltäglichkeit der Abschiebung von Simbabwern aus Botswana, siehe z. B. Galvin 2014).

Auch in Ost- und Zentralafrika lässt sich der Übergang von einer großzügigen zu einer restriktiven Flüchtlingspolitik beobachten. Schon in der Vergangenheit gab es Massendeportationen. Brutal ging es im Konflikt zwischen Äthiopien und Eritrea zu, als Mitte 1998 bis Anfang 1999 etwa 75.000 Eritreer aus Äthiopien ohne rechtliches Verfahren festgenommen und deportiert wurden, während Eritrea

[2] Siehe dazu auch die Arbeit und Dokumentationen des Alarme Phone Sahara, https://alarmephonesahara.info/en/, 2020 ebenso wie die ZDF Dokumentation „Türsteher Europas. Wie Afrika Flüchtlinge stoppen soll.“, 16.08.2018, https://www.zdf.de/dokumentation/tuersteher-europas-102.html. Vgl. Jakob und Schlindwein (2017).

[3] https://www.ecre.org/?s=Algerien+Abschiebungen+25%2C000+Migranten+nach+Niger.

[4] Gemeint ist hier natürlich noch die simbabwische Regierung unter Robert Mugabe; die Auswirkungen von dessen Sturz bleiben abzuwarten.

etwa 70.000 Äthiopier mit Unterstützung des Internationalen Roten Kreuzes repatriierte (Human Rights Watch 2003, S. 5–7). Die neuere restriktive Politik äußert sich, wie schon erwähnt, darin, dass die Staaten der Region verstärkt daraufsetzen, Flüchtlinge in Lagern unterzubringen und Selbstansiedlung zu unterbinden. Durch die Segregation der Flüchtlinge soll die Integration in die Gesellschaften der Zielländer gezielt verhindert werden. Außerdem sollen Flüchtlinge, die seit dem Genozid in Ruanda verstärkt als Sicherheitsrisiko angesehen werden, auf diese Weise leichter kontrolliert werden. Mit der Versicherheitlichung *(securitization)* von Fluchtmigration und Flüchtlingen, d. h., ihrer Darstellung und Wahrnehmung als Bedrohung, werden teils auch Abschiebungen begründet (Kibreab 2014, S. 579–582). Allerdings gibt es hier auch zwischen einzelnen Staaten teils deutliche Unterschiede. Während beispielsweise die kenianische Regierung derzeit versucht, das Flüchtlingslager Dadaab zu schließen, das mehr als eine Viertelmillion Somalis beherbergt, und dessen Bewohner abzuschieben (BBC 2017), ist beim ugandischen Dorf Bidi Bidi, infolge des südsudanesischen Bürgerkrieges, das zwischenzeitlich größte Flüchtlingslager der Welt entstanden.

Auch afrikanische Staaten südlich der Sahara, wie Angola, Gabun, Äquatorial-Guinea oder Nigeria, die nur indirekt unter dem Einfluss der EU-Externalisierungspraktiken stehen (s. Kap. 8), tragen substanziell zu den massiven Abschiebungen in den letzten zwei Jahrzehnten bei, die seit der Unabhängigkeit dieser Länder stattfinden. Über die hohen Zahlen an Repatriierungen von Westafrikanern aus Côte d'Ivoire wurde hier bereits berichtet. Ebenso wie von der hunderttausenden an Rückführungen Südafrikas sowie teilweise der Anrainerstaaten, z. B. Botswana, insbesondere seit den 1990er Jahren. Ein weiteres Beispiel sind Statistiken der Generaldelegation für Malier im Ausland, die beispielsweise schätzen, dass 91,8 % aller Abschiebungen von Maliern zwischen 2002 und 2014 aus anderen afrikanischen Staaten erfolgten, verglichen mit 6,6 % aus Europa.[5]

Uganda als Vorzeigemodell?

Insbesondere in jüngerer Zeit wird Uganda oft als leuchtendes Beispiel für eine gute Flüchtlingspolitik gepriesen (s. etwa Clayton 2018). Dabei spielt nicht nur die hohe Aufnahmebereitschaft eine Rolle (nicht zuletzt aufgrund des Bürgerkrieges im Südsudan beherbergt Uganda derzeit mehr Flüchtlinge als jeder andere afrikanische Staat), sondern auch der Umgang mit im Land lebenden Flüchtlingen. So wurde zur Jahrtausendwende ein neues Flüchtlingsgesetz verabschiedet, das im Vergleich zu seinem Vorgänger weniger restriktiv ist und Flüchtlingen

[5] Document de Politique National de Migration (2015, S. 54). https://www.maliens-exterieur.gouv.ml/docs/Brochures_Politiques.pdf.

mehr Rechte zuerkennt (Refugee Law Project o. J.), und es wurde ein entwicklungsorientierter Ansatz institutionalisiert und weiterentwickelt, der Flüchtlingen Wege zu wirtschaftlicher Eigenständigkeit eröffnen soll und Flüchtlingspolitik mit der Unterstützung lokaler Gemeinden im ländlichen Uganda verbindet. Kritiker der ugandischen Flüchtlingspolitik sprechen jedoch von einem Scheitern der entwicklungsorientierten Politik, weit verbreiteter Armut unter Flüchtlingen, sowie von deutlichen Diskrepanzen zwischen auf dem Papier formulierten Flüchtlingsrechten und der praktischen Lebenswirklichkeit (Hovil 2018; Ahimbisibwe 2017; Ilcan et al. 2015).

Bei der Analyse der tatsächlichen Lebenssituation von Flüchtlingen in Uganda – aber auch bei anderen Betrachtungen von Fluchtmigration in Afrika – ist es wichtig, „die Flüchtlinge" nicht als homogene Masse zu betrachten, sondern auf Heterogenitäten und Ungleichheiten einzugehen. Nicht nur die Flüchtlingspolitik des Zufluchtslandes, sondern auch das Alter, das Geschlecht etc. von Flüchtlingen beeinflussen deren Lebenswirklichkeit (Gehring 2020, S. 385–391). Unterschiedliche Flüchtlinge stehen damit vor jeweils anderen, spezifischen Herausforderungen. So sind viele weibliche, aber auch manche männlichen Flüchtlinge von sexueller und geschlechtsspezifischer Gewalt betroffen (Edström und Dolan 2018; Krause 2015a, b). Flüchtlingskinder besuchen im Prinzip dieselben Schulen wie ugandische Kinder, können de facto aber oft nicht zur Schule gehen oder werden in überfüllten Klassen unterrichtet (Schalit 2018; Kupfer 2016). Homosexuelle Flüchtlinge erfahren aufgrund der in Uganda verbreiteten Homophobie Verfolgung, Diskriminierung und Ausgrenzung (McQuaid 2017; Nyanzi 2013). Körperlich oder psychisch kranke Flüchtlinge haben nur begrenzt Zugang zu medizinischer Versorgung bzw. psychologischer Unterstützung (O'Laughlin et al. 2018, 2017; Adaku et al. 2016; Nagujja et al. 2015). Und Flüchtlinge, die sich etwa in der Hauptstadt Kampala selbst ansiedeln, statt in für Flüchtlinge vorgesehenen Lagern bzw. Siedlungen zu leben, sind generell vom Zugang zu humanitärer Hilfe ausgeschlossen (Addaney 2017).

Als „Paradies für Flüchtlinge" (Unger 2019) kann Uganda angesichts all dessen kaum bezeichnet werden. Auch wenn die ugandische Flüchtlingspolitik ihren Grundsätzen nach progressiv gestaltet sein mag, bleiben in der Praxis gewichtige Herausforderungen (Ahimbisibwe 2018, S. 8–12): die hohe Anzahl der Flüchtlinge, ihre oftmals lange Verweildauer im Land, aus der Anwesenheit von Flüchtlingen resultierende ökologische und sicherheitspolitische Probleme, und die Begrenzungen sowohl eigener Ressourcen als auch ausländischer Unterstützung. Letzteres gilt es auch zu berücksichtigen, wenn man die Ausgestaltung der ugandischen Flüchtlingspolitik, etwa den Zugang von Flüchtlingen zu Schulbildung oder medizinischer Versorgung, an normativen Idealen wie dem Menschenrecht auf Bildung misst, die ohne hinreichende Mittel nicht erreicht werden können (vgl. Pogge 2011, S. 89–92). Zivilgesellschaftliche Akteure fordern dementsprechend eine stärkere Unterstützung für Uganda aus dem Ausland ein, um die notwendigen Mittel für eine angemessene Versorgung von Flüchtlingen bereitzustellen (Amnesty International 2017d).

Selbstorganisation der Abgeschobenen
In vielen (west)afrikanischen Gesellschaften regt sich angesichts mittlerweile tausender unfreiwillig Zurückgekehrter seit Jahren zivilgesellschaftlicher Protest. Dieser wird häufig von selbstorganisierten Abgeschobenen getragen, zum Beispiel in Mali, aber auch in Sierra Leone, Togo, Kamerun, Nigeria oder im Senegal.[6] Die Association Malienne des Expulsés (AME) (Dt.: Malische Organisation Abgeschobener) beispielsweise wurde bereits 1996 durch abgeschobene Malier aus Angola und Frankreich gegründet. Heute spielen sie zusammen mit anderen Migrantenorganisationen eine zentrale Rolle in der nationalen, politischen Debatte und organisieren sich zuletzt auch verstärkt hinsichtlich der vielen Verschwundenen und Toten im Mittelmeer (vgl. Sylla und Schultz 2020). Mit dem Alarme Phone Sahara ist zudem eine lokale verankerte wie transnational vernetzte Initiative entstanden, die Gestrandeten in der Sahara Notfallhilfe leistet und politisch auftritt.[7]

[6] Siehe zu Mali https://www.expulsesmaliens.info/ und https://aracem.org/ (letzter Zugriff am 21.12.2017); zu Sierra Leone https://neas-sl.org/ (letzter Zugriff am 21.12.2017) sowie zu Nigeria https://cyid.org/crep/. Die Initiative Post Deportation Monitoring bietet einen Überblick einiger zivilgesellschaftlicher Organisationen in einigen Zielländern von Abschiebungen sowie Texte und Ressourcen zum Thema: https://www.refugeelegalaidinformation.org/post-deportation-monitoring.

[7] https://alarmephonesahara.info/en/

7 Diaspora als Mittler zwischen Afrika und Europa

Die Rolle, die Diaspora für sozialen Wandel und Entwicklung im Emigrationsland haben, wird kontrovers diskutiert. Unter Diaspora werden hier Gemeinschaften von Migranten verstanden, die im Ausland leben, aber einen Rückbezug zum Herkunftsland aufweisen, etwa über finanzielle Rücküberweisungen oder politisches Engagement. Eine These zu ihrer Rolle lautet, dass Diaspora einer der wesentlichen Treiber von transnationaler Migration ist und damit über Jahrzehnte hinweg transnationale Migration prägen wird (Collier 2014). Collier argumentiert, dass drei Faktoren der transnationalen Migrationsdynamik zugrunde liegen. Erstens gäbe es eine wesentliche Kluft an Einkommen und Lebenschancen zwischen armen und reichen Ländern. Zweitens werde transnationale Migration allein diese Kluft nicht verkleinern. Und drittens würden „die Auslandsgemeinden noch jahrzehntelang wachsen, da die Migration weitergeht" (Collier 2014, S. 57). In Colliers Perspektive erleichtern also Diasporagemeinden Migration von Süd nach Nord, von Afrika nach Europa ohne dass dies die grundlegenden Ursachen der Migration bekämpfen würde.

In einer früheren Publikation geht Collier sogar noch weiter und sieht in Diaspora hauptsächlich einen Katalysator von gewaltsamen Konflikten in den Herkunftsländern (Collier und Hoeffler 2004). Aus dieser Sicht fungiert Diaspora als (Bürger-)Kriegstreiber, indem sie finanziell Rebellengruppen unterstützen. Diese These blieb aber nicht unwidersprochen (siehe Hall 2015 für eine Übersicht; vgl. Zunzer 2004). Dabei ist zu beachten, dass es Beispiele gibt, welche die konflikttreibende Rolle von Diaspora belegen, Ein Beispiel dafür wäre die Ruandische Patriotische Front, die sich aus ruandischen Flüchtlingen in Uganda zusammensetzte. Diese Gruppierung führte 1990 eine Invasion in Ruanda, was zu einem Bürgerkrieg und indirekt zum Genozid 1994 geführt hat. Es gibt aber

T. Faist et al., *Mobilität statt Exodus*,
https://doi.org/10.1007/978-3-658-33351-5_7

auch Hinweise darauf, dass Auslandsgemeinschaften bei der Lösung von Konflikten hilfreich sein können. Über die Fragestellung von Gewalt hinaus gilt es also zu beachten, dass Diaspora sowohl positive als auch negative Konsequenzen für sozialen Wandel in den Herkunftsländern zeitigen kann. Es kommt auf die jeweiligen Bedingungen an.

Diaspora kann verschiedenste Funktionen ausüben. Diasporagruppen wirken als Katalysatoren für politischen, ökonomischen und kulturellen Wandel in den Herkunfts-, teilweise auch in den Zielländern. Dazu gehören Streitschlichtung bei Konflikten, Beiträge zur Partizipation im Bildungs- und Gesundheitswesen durch Unterstützung von Familienmitgliedern, Wiederaufbau nach Konflikten und de facto Integration in den Ländern der Niederlassung. Aber selbstverständlich dürfen auch negative Auswirkungen nicht vernachlässigt werden: Diaspora können z. B. Konflikte zwischen ethnischen und religiösen Gruppen anfachen und verlängern. Beispiele sind etwa Spaltungen zwischen Hutu und Tutsi in der burundischen Diaspora in Belgien (z. B. Turner 2007) oder Konflikte in der eritreischen Diaspora (SVR 2020, S. 182).

Renaissance des Konzepts „Diaspora“

Heutzutage werden unter Diaspora in einem sehr weiten Sinne häufig alle im Ausland lebenden (ehemaligen) Staatsbürger und ihre Nachkommen verstanden, die zum Herkunftsland eine Verbindung pflegen, ob nun materiell oder symbolisch (z. B. Sheffer 2003). In diesem Sinne kann Diaspora als eine Form transnationaler Gemeinschaft begriffen werden. Transnationale Gemeinschaften[1] umfassen enge und beständige Verflechtungen, die durch ein hohes Maß an Vertrautheit, emotionaler Tiefe, moralischer Verpflichtungen und sozialer Kohäsion gekennzeichnet sind. Transnationale Gemeinschaften können sich auf verschiedenen Aggregationsebenen entwickeln. Die einfachste Form besteht aus dörflichen Gemeinschaften in Systemen zwischenstaatlicher Migration. Mitglieder solcher Gemeinschaften, die im Ausland leben oder zurückgekehrt sind, investieren teilweise in öffentliche oder private Projekte zugunsten der jeweiligen Gemeinschaft. Die zentrale Form transnationaler Gemeinschaften bilden größere, grenzüberschreitende religiöse Gruppen und Kirchen. Weltreligionen wie das Judentum, das Christentum, der Islam, der Hinduismus und der Buddhismus existierten schon lange bevor moderne Nationalstaaten entstanden. Diaspora gehört ebenfalls in die Kategorie transnationaler Gemeinschaften.

[1] Genauer wäre im Sinne von Max Webers Unterscheidung von „Vergemeinschaftung“ und „Vergesellschaftung“ der Begriff „vergemeinschaftete soziale Einheiten“ (Faist und Ulbricht 2014).

Das Konzept Diaspora hat in den letzten Jahrzehnten eine Wiederbelebung im Kontext Entwicklung und dabei als transnationaler Akteur erfahren. Dabei durchlief der Begriff Diaspora eine sehr wechselvolle Geschichte. Ursprünglich diente er dazu, die Zerstreuung der Juden nach der Zerstörung des Zweiten Tempels in Jerusalem zu beschreiben. Später bezog sich das Konzept auf Minderheitssituationen religiöser Gemeinschaften, bis der Begriff im 20. Jahrhundert schließlich vorwiegend für ethnische bzw. ethno-religiöse und nationale Minderheiten im Ausland verwendet wurde. Im Allgemeinen teilen Mitglieder einer Diaspora gemeinsame Erinnerungen an ein verlorenes oder Visionen von einem vorgestellten, zu schaffenden Heimatland und einer Rückkehr dorthin, während das Zielland der jeweiligen Minderheit oft die umfassende Anerkennung ihrer kulturellen Besonderheiten verwehrt. Es ist zweckmäßig, sich Diaspora nicht als eng umgrenzte politische und kulturelle Gemeinschaft vorzustellen, sondern als politischen Anspruch zu sehen (Brubaker 2005, S. 12).

In dieser Sichtweise erscheint Diaspora als eine Gruppe von Personen in einem Zielland, die sich auf ein imaginiertes oder reales Ursprungs- bzw. Heimatland bezieht, manchmal sogar eine Rückkehroption propagiert und daher dazu tendiert, Anforderungen der Sozialintegration bzw. Assimilation im Land der gegenwärtigen Niederlassung zurückzuweisen (Brubaker 2005). Einerseits kennzeichnet Diaspora in einem weiten Sinne die Entstehung von Gemeinschaften von Bürgern außerhalb des Herkunftslandes. In diesem Falle fungiert Diaspora als Inland im Ausland, als extraterritorialer Teil eines Nationalstaats. Andererseits ist Diaspora häufig in der Politik im Heimatland involviert und agiert manchmal als Konkurrent oder Bedrohung für Staats- und Nationsbildung *(nation-building)* und die Festigung der politischen Macht der jeweiligen politischen Regime. Auswanderung fungiert dabei u. a. als Sicherheitsventil für autoritäre Regime, welche die politische Opposition bekämpfen; also Abwanderung *(exit)* statt Widerspruch *(voice)* fördert. Gleichzeitig ist dabei Abwanderung eine Voraussetzung für effektiven Widerspruch aus der Diaspora heraus. Es handelt sich dann bei Diaspora aus der Sicht des Ziellandes um eine Art Ausland im Inland.

In Bezug auf zivilgesellschaftliche Prozesse hat der Begriff Diaspora einen besonderen Aufschwung erlebt. Organisationen in der Diaspora werden definitiv von globalen Meta-Normen und Parolen beeinflusst und verwenden diese teilweise geschickt, zum Beispiel in Bezug auf Forderungen nach mehr Demokratie, einer stärkeren Beachtung von Menschenrechten und der Gleichberechtigung der Geschlechter in den Herkunftsländern, also insgesamt einer liberal inspirierten Mitgliedschaftspolitik. Gleichzeitig gibt es viele Fälle, in denen Diaspora nationalistische Projekte befördert. Somit kann Diaspora in dieser Hinsicht auch als ein Spiegelbild nicht nur rechtsstaatlicher, sondern auch nationalistischer und xenophober Strömungen in den Zielländern interpretiert werden (Baser 2015).

Das Trauma des transatlantischen Sklavenhandels als zentraler Bezugspunkt der afrikanischen Diaspora spielt in der aktuellen politischen Diskussion im europäischen Kontext im Allgemeinen keine Rolle. Eine historisch kontextualisierende Perspektive fehlt den meisten entwicklungs- und migrationspolitisch ausgerichteten Studien gänzlich. Umgekehrt hat sich die Literatur zur afrikanischen Diaspora zwar intensiv mit der historischen Dimension transnationaler Verflechtungen zwischen Afrika, Europa und Amerika auseinandergesetzt, wie etwa der zum Klassiker avancierte Titel *The Black Atlantic: Modernity and Double Consciousness* von Paul Gilroy (1992) zeigt. Dabei werden aktuell relevante Fragen hinsichtlich sozio-kultureller, ökonomischer oder politischer Entwicklungsprozesse in afrikanischen Gesellschaften jedoch weitgehend ausgeblendet.[2] Dieses Manko steht in starkem Kontrast etwa zu der bedeutsamen Rolle, die Vertreter der afrikanischen Diaspora in den Unabhängigkeitsbewegungen und im Konstitutionsprozess der postkolonialen Nationalstaaten in Afrika gespielt haben.

Wichtig ist es, die Folgen der Ansprüche von Diaspora als primär zivilgesellschaftliches Geschehen, das aber auch von Staaten und Staatenbünden (z. B. AU) vorangetrieben wird, zu erkennen. Dadurch sind drei zentrale politische Bereiche von grenzübergreifender Mitgliedschaft angesprochen: 1) politische Freiheit und Demokratisierung; 2) Nutzung von Emigration durch Staaten sowie 3) die Bindungen von Emigranten an ein Kollektiv bzw. Kollektive, häufig die Nation, aber auch Familien, Religionsgemeinschaften und ethnische Gruppen.

Politische Teilhabe und Demokratisierung

Alle Immigranten sind gleichzeitig Emigranten; einmal davon abgesehen, dass darüber hinaus weitere Differenzierungen gebraucht werden, sowohl in der Forschung als auch Politik. In den 1980er- und 1990er-Jahren konzentrierte sich die Forschung auf die Rolle, die Emigranten und insbesondere Diasporagruppen beim Schüren von Konflikten in ihren Herkunftsländern spielten. In der neueren Forschung und in öffentlichen politischen Debatten stehen hingegen ihre Rollen als Makler in gewalttätigen Konflikten, als Entwicklungsunternehmer nach Ende von Konflikten und als Akteure der Demokratisierung im Mittelpunkt. Diese neue Schwerpunktsetzung ist vor dem Hintergrund einer veränderten geopolitischen

[2]Eine Ausnahme ist Pérouse de Montclos (2002), der den Unterschied zwischen den „ethnisch-nationalen" afrikanischen Diasporas der Gegenwart und der durch den Sklavenhandel entstandenen „schwarzen Diaspora" thematisiert. Pérouse de Montclos' Expertise beruht auf empirischer Forschung zu gewaltsamen Konflikten in Afrika (v. a. Nigeria), zu afrikanischen Flüchtlingen und binnenafrikanischer Zwangsmigration.

Landschaft zu sehen. Bis zum Ende des Kalten Krieges nutzten die Supermächte Akteure aus der Diaspora, um sich in die inneren Angelegenheiten von Emigrationsländern einzumischen. Süd-Nord-Konstellationen waren aus diesem Grund sowohl ein integraler Bestandteil des Ost-West-Konflikts als auch der Nachwirkungen der Entkolonialisierung, wobei es um Projekte zur Staatenbildung in früheren europäischen Kolonien gerade auf dem afrikanischen Kontinent ging. Mit dem Ende des Kalten Krieges mussten Diasporagruppen neue Betätigungsfelder finden. Die Entwicklungszusammenarbeit wurde eines davon. Führende internationale Geldgeber und Institutionen verstehen den Begriff Entwicklung im weitesten Sinne vor allem als wirtschaftliche Entwicklung, die aber auch durch die Institutionalisierung der Rechtsstaatlichkeit, „gutes Regieren" *(good governance)* und Demokratie zu ergänzen sei (Bauböck und Faist 2010). Man könnte hier von einer Agenda sprechen, die an die Staaten des globalen Südens nicht nur Kriterien der Wettbewerbsstaatlichkeit, sondern auch der Rechtsstaatlichkeit und Demokratisierung anlegt. Manche Beobachter sprechen diesbezüglich von einer postkolonialen Agenda in dem Sinne, dass diese Kategorien ansonsten eher die Migrationspolitik im globalen Norden beschreiben, wohingegen andere argumentieren, dass dies auch Kriterien der innerafrikanischen Demokratisierungsbewegungen seien, die beispielsweise in den 1990er-Jahren von Nelson Mandela und dem *African National Congress* (ANC) in Südafrika vertreten wurden. Auch kann hinterfragt werden, in welchem Maße die Migrationspolitik im globalen Norden an Kriterien der Demokratie und Rechtsstaatlichkeit ausgerichtet ist.

Es lassen sich ganz verschiedene Konsequenzen von Rücküberweisungen beobachten: Unter bestimmten Umständen werden auf der Ebene von Familien transnationale Überweisungen zur Bekämpfung von Armut genutzt. Dabei werden etwa das Schulgeld für Kinder oder Gesundheitskosten beglichen. Rücküberweisungen gehen aber auch in die entgegengesetzte Richtung, von den Herkunftsländern in die Zielländer *(reverse remittances)*. In den Zielländern nutzen Migranten diese Überweisungen, um sich Rechtsbeistand beim Erwerb von Aufenthaltstiteln leisten zu können; so etwa bei Migranten aus Ghana in Amsterdam (u. a. Mazzucato 2011). Auf der Ebene von Staaten kann es auch negative Effekte geben. Manchmal verhindern Rücküberweisungen aus Zielländern sogar, dass wichtige strukturelle ökonomische Reformen durch die Regierungen der Herkunftsländer in Angriff genommen werden. Stattdessen nutzen auch etliche afrikanische Staaten Rücküberweisungen als Sicherheiten für Kredite aus dem Ausland (Horst et al. 2014).

Interessanterweise ist die Wirkung von Rücküberweisungen aus dem Ausland, vor allem aus Übersee, eine andere als finanzielle Transaktionen aus interner

Migration innerhalb der Länder Afrikas. Rücküberweisungen im Rahmen von interner Migration haben einen egalisierenden Effekt auf die Herkunftsgemeinden, während solche aus internationaler Migration eher die Ungleichheit in den Herkunftsorten und zwischen den Migranten- und Nicht-Migranten-Familien noch verstärken (Ellis 2007, S. 21) Dieser Unterschied kann auf die Selektivität von Migration zurückgeführt werden. Grenzüberschreitende Migration stellt höhere Hürden im Hinblick auf Kosten der Reise und für Visa als interne Migration dar. Daher ist transnationale Migration eher auf relativ privilegiertere Teile der jeweiligen Stadt- und Dorfbevölkerung beschränkt. In diesem Falle wirkt das Matthäus-Prinzip, d. h. die Bevorteilung schon besser gestellter Personen und Gruppen. Diese Ergebnisse zeigen in eine klare Richtung: Um armutsreduzierend zu wirken, sollte transnationale Migration auch für relativ Ärmere ermöglicht werden (Faist 2016).

In diesem Zusammenhang werden bei der Diskussion um die Rolle von Diaspora als Entwicklungsagenten nicht nur monetäre Rücküberweisungen berücksichtigt, sondern zunehmend auch die Rolle von Migranten im Hinblick auf soziale Rücküberweisungen. Bei Migranten wird manchmal beobachtet, dass sie die Politik in ihrem Herkunftsland durchaus beeinflussen, und zwar durch *„ideas of citizen rights and responsibilities and different histories of political practice"* (Levitt 1997, S. 517), die sie in den Immigrationsländern praktizieren. Diese sozialen Rücküberweisungen – also etwa Ideen über Demokratie und Geschlechtergleichheit – werden demnach in das Herkunftsland transferiert.

Im Hinblick auf Prozesse der Demokratisierung liefert das vorhandene Datenmaterial ein ambivalentes Bild (vgl. Pedraza 2013). Durch ihre Ausreise bildeten die Migranten eine neue Wählerschaft, mit denen die Herrschenden in den Emigrationsländern rechnen mussten. Trotzdem gibt es klare Grenzen dafür, was die transnationalen politischen Aktivitäten von Migranten zur Ausbreitung demokratischer Praktiken beitragen. Während es zum Einfluss von Diaspora auf Demokratisierungsprozesse in Bezug auf Afrika wenig empirische Studien gibt (vgl. Melchers et al. 2003), liegen Hinweise zu anderen Weltregionen durchaus vor. In El Salvador lieferten beispielsweise *hometown associations* einen Beitrag zur Entwicklung partizipatorischer Institutionen und zur Dynamik lokaler politischer Teilhabe (Itzigsohn und Villacrés 2008). Migranten wurden in diesem Falle zu einer neuen und schwer berechenbaren Machtgruppierung. Es ist also Vorsicht angebracht, Migranten vor allem in der Rolle als Akteure für einen tiefgehenden politischen und sozialen Wandel zu sehen. Schließlich gehören in etlichen Fällen die Migranten selbst zu den lokalen Eliten, auch wenn Diasporagruppen möglicherweise bestehende politische Regime radikal infrage stellen. Ebenso ist nicht zu übersehen, dass die Interessen der Migranten meist relativ stärker auf die Teilnahme an der Politik des Immigrationslandes ausgerichtet sind.

Doch gibt es in anderen Fällen Anzeichen dafür, dass Diaspora durchaus eine Rolle als „Akteure der Demokratisierung" spielt, nicht nur in der postkommunistischen Welt Ost- und Südosteuropas (Koinova 2010), sondern auch in Südafrika (SVR 2020, S. 185–186). Diese Beobachtung trifft auf die Fälle zu, in denen sich die Diaspora nicht ausschließlich für eine nationale bzw. nationalistische Agenda, sondern vor allem auch für Demokratisierung engagierte. Nach dem Kalten Krieg waren die eben genannten Diaspora zwar nicht unbedingt die offensichtlichsten Akteure der Demokratisierung in vielen Teilen der Welt, aber sie leisteten einen sichtbaren Beitrag dazu.

Im Vergleich zu Emigrationsländern gibt es einen auffallenden Mangel an Studien über die Auswirkungen von Migranten auf die Demokratie in den Immigrationsländern des globalen Nordens. Es finden sich dort überwiegend normativ gehaltene Feststellungen, dass Immigranten eine Gefahr für die angebliche kulturelle Homogenität westlicher Demokratien bildeten (z. B. Huntington 2003). Für diese Sichtweise wird in der Regel kein empirischer Nachweis geführt. Der Diskurs besteht vor allem aus einer Schilderung der Ängste gegenüber Menschen etwa mit muslimischen Gruppen in Europa (Faist 2019, S. 204–237). Diese Debatten tragen häufig zu einer weiteren Kulturalisierung und Versicherheitlichung von Migrationspolitik bei.

Dies führt auch zu der Frage, wie wirksam Diasporapolitik und die Erweiterung der Staatsbürgerschaftsrechte über die Grenzen der Nationalstaaten hinweg tatsächlich sind und welchen Beitrag sie möglicherweise zur kontinuierlichen Transformation der Staatsbürgerschaft leisten (Østergaard-Nielsen 2003). Eine der wichtigen Fragen für Immigrationsländer lautet, ob das Engagement im Emigrationsland mit der politischen Integration der Migranten vereinbar ist. Kurz gesagt stellt sich die Frage, ob „zwischen zwei Orten" bedeutet, „weder hier noch dort" oder „hier und dort" zu leben. Die bisherige Forschung weist darauf hin, dass Migrantenorganisationen eine Schlüsselrolle bei der politischen Teilhabe in Immigrationsländern zufällt (Rex et al. 1987). Allerdings wurde nur in wenigen Untersuchungen systematisch analysiert, welche Rolle die Migrantenorganisationen bei der Förderung des zweigleisigen Prozesses spielen, die politische Aktivität sowohl „hier und dort" gleichzeitig zu unterstützen, wobei die Gleichzeitigkeit eines der wesentlichen Merkmale der Transnationalität ist. Ergebnisse einer Untersuchung von Migrantenvereinigungen in Barcelona, Madrid und Murcia kommen beispielsweise zu dem Ergebnis, dass die Mehrheit der Organisationen von Migranten aus nord- und westafrikanischen Ländern transnational aktiv war (Morales und Jorba 2010). Der transnationale Bezug scheint die politische Teilhabe von Migranten in Spanien insgesamt sogar zu fördern, und dies gilt interessanterweise insbesondere für die eher politisch orientierten transnationalen Bindungen. Zusammenfassend betrachtet sind beide Orientierungen – die Integration der Migranten in die Immigrationsländer und ihre Aktivität in den Emigrationsregionen – kein Nullsummenspiel, sondern können sich tatsächlich gegenseitig bestärken (vgl. Pries und Sezgin 2012).

Staaten nutzen Diaspora: Rechte und Pflichten von Emigranten
Gelegentlich richten sich die Nationalstaaten an den Interessen der Emigranten aus, um diese für ihre eigenen Ziele zu nutzen. Der transnationale Staat bzw. der „Auswanderungsstaat" (*emigration state,* Gamlen 2008) ist deshalb über verschiedene Mechanismen ein integraler Bestandteil der sozialen Konstituierung extraterritorialer Gruppen und einer globalen Nation.

Das Ziel der Herkunftsländer bzw. in diesem Falle auch der Afrikanischen Union (AU) ist es, die Emigranten durch verschiedene staatliche Maßnahmen im Herkunftsland zu (re-)integrieren. Seit ihrer Gründung im Jahre 2002 versucht die AU, Diaspora in die Entwicklungsziele des Kontinents einzubinden. Ganz entscheidend ist die institutionelle Verankerung solcher Politiken; beispielsweise in einem gut ausgebauten Netzwerk von Behörden und konsularischer Dienstleistungen. So schufen Staaten wie Algerien, Marokko, Mali und Kenia eigene Ministerien für Diaspora-Angelegenheiten; andere Staaten wie Äthiopien, Ghana, Niger und Nigeria kreierten spezielle Abteilungen in bestehenden Ministerien. Einige Staaten ergänzen solche Maßnahmen noch, indem sie nationale, kulturelle Aktivitäten im Ausland durch die Verbreitung oder Übertragung nationaler Fernsehsender und vom Staat gesponserten Webportalen unterstützen. Manchmal gründen Staaten eigens Migrantenvereinigungen, wie die *Amicales* im Falle Marokkos oder *Diaspora Knowledge Networks* im Falle Südafrikas (Meyer 2011). Ein Ziel dieser Politik ist die Kontrolle einer loyalen Diaspora bzw. die Nutzung ihrer wirtschaftlichen Potenziale.

Die Stärkung von grundlegenden zivilen, politischen, sozialen und kulturellen Rechten spiegelt die Bemühungen wider, mit denen Staaten die Loyalität aufrechterhalten, aber auch die Pflichten der Abgewanderten betonen möchten. Besonders beliebt ist eine Mischung aus wirtschaftlichen Anreizen, patriotischen Ermahnungen und Marketingprogrammen, wie etwa der *„roots tourism"* in Ghana (Benton und Shabazz 2009). Im Einzelnen kann man folgende Aspekte unterscheiden:

- *Finanzielle Ressourcen:* Einige Staaten wie Marokko, Senegal, Ghana, Ägypten und Gambia bieten besondere finanzielle und vor allem steuerliche Anreize für Emigranten. Auf diese Art machen sich Herkunftsstaaten die speziellen Ressourcen zunutze, die durch Emigranten verfügbar sind. Solche politischen Maßnahmen sind vereinfachte Investitions- und Steuerbestimmungen. Senegal versucht z. B. in Zusammenarbeit mit der französischen Regierung und Diaspora-Gruppen, in der Regel Migrantenorganisationen, Projekte im Sinne von *co-développement* durchzuführen. Dabei geht es in diesem Falle insbesondere um die Finanzierung von Infrastrukturprojekten, also etwa Schulen, Gesundheitseinrichtungen und Wasserversorgung. Eine besonders anvisierte Zielgruppe für die Finanzierung von Projekten sind Rückkehrer. Es gibt auch Beispiele für Besteuerungsversuche. So versuchte etwa Eritrea von im Ausland lebenden (ehemaligen) Bürgern eine *„healing tax"* zu erheben, eine Art Steuer, die den Wegzug der Emigranten kompensieren und den weiteren Aufbau des Landes fördern soll. Eritreische Migranten im Ausland befinden sich in einer Zwickmühle. Einerseits wanderten sie aufgrund von Zwangsmaßnahmen im Inland (z. B. Arbeitsdienst) ab; andererseits sind sie für die Ausstellung von Dokumenten wie Aufenthaltstiteln in Ländern wie Deutschland auf die Bestätigung und Verlängerung ihrer Pässe durch eritreische Konsulate und Botschaften angewiesen (vgl. Koser 2003).

- *Menschliches Wissen und Erfahrungen:* Begehrt sind in den Auswanderungsländern nicht nur das Kapital, sondern auch die Kenntnisse und Fertigkeiten von qualifizierten Fachleuten. Diese Emigranten sollen durch die bereits erwähnten Diaspora-Wissensnetzwerke entweder in ihr Herkunftsland gelockt werden oder mit dem Auswanderungsland wenigstens verbunden bleiben. Länder wie Südafrika, inzwischen auch Nigeria haben Programme geschaffen, um Wissenstransfer ihrer im Ausland lebenden Bürger zurück ins Herkunftsland zu fördern (vgl. Faist 2008). TOKTEN (Transfer of Knowledge through Expatriate Nationals) ist ein Programm, das 1977 vom Entwicklungsprogramm der Vereinten Nationen in der Türkei ins Leben gerufen wurde und in Dutzenden von Ländern tätig ist. In Mali wurde es z. B. 1998 eingeführt. Hochgebildete Migranten, die in Europa, Nordamerika und Japan leben, werden eingeladen und gefördert, um zeitweise an öffentlichen Universitäten zu unterrichten oder auch beim Wiederaufbau mitzuwirken, wie z. B. in Liberia seit 2006.[3] Im Falle von Nigeria werden vor allem Experten aus den Bereichen Naturwissenschaften, IT und Wirtschaftswissenschaften angesprochen. Verbreitet sind Programme für den kurzfristigen Einsatz von im Ausland lebenden Bürgern zur Ausbildung einheimischer Fachkräfte (SVR 2020, S. 183–185).

[3]https://www.unescwa.org/transfer-knowledge-through-expatriate-nationals; https://www.gfmd.org/pfp/ppd/155, letzter Zugriff am 29.12.2020.

- *Politische Interessenvertretung:* Regierungen betrachten ihre Emigranten auch als außenpolitische Interessenvertreter in den jeweiligen Einwanderungsländern. So gibt es Beispiele der politischen Instrumentalisierung von Diaspora-Organisationen durch Regierungen der Herkunftsländer (u. a. SVR 2020, S. 191). Davon zu unterscheiden sind eher symbolische Maßnahmen zur Einbindung (ehemaliger) Staatsbürger in die politische Gemeinschaft des Herkunftslandes. Ein Schritt in diese Richtung sind bspw. Initiativen von Staaten wie Marokko, die Stiftungen zur Kommunikation mit Emigranten geschaffen hat oder Mali, das einen Diaspora-Rat mit Vertretern der Regierung und NROs einrichtete. Symbolisch bedeutsam ist auch die zunehmende Toleranz gegenüber doppelter Staatsangehörigkeit und die Bereitschaft der Mehrheit der afrikanischen Regierungen im Ausland lebenden Bürgern das Wahlrecht zu gewähren – wenigstens im Prinzip (vgl. Lafleur 2013).

Staatliche Bemühungen „ihre" Diaspora im Ausland zu mobilisieren, vollziehen sich auch im Kontext der akademischen und politischen Debatten rund um den „Abfluss an Gehirnen", *brain drain.* Der Begriff wird seit Ende der 1960er-Jahre immer mehr genutzt (s. zuerst Adams 1968). Die zur gleichen Zeit entstandenen Dependenz- und Weltsystemtheorien sahen Migration nicht als Beitrag zu Entwicklung, sondern im Gegenteil, einen Prozess der Unterentwicklung in den Herkunftsländern. Die Diskussion verlief bis heute in drei Phasen. In der ersten Phase wurde *brain drain* definiert als Folge davon, dass die Kosten der Ausbildung den Herkunftsländern aufgebürdet sind, ohne dass diese für die Abwanderung ihrer Fachkräfte kompensiert werden. Für die Zielländer stellt Immigration einen Mechanismus dar, um die Kosten für die Ausbildung zu vermeiden, indem sie auf gut ausgebildete Fachkräfte zurückgreifen können (Meillassoux 1981). In einer zweiten Phase, Anfang der 1990er-Jahre, entstanden die Konzepte *brain gain* und *brain circulation,* wobei darauf hingewiesen wurde, dass gerade der Erfolg der Abgewanderten doch die nachfolgende Generation in den Emigrationsländern ermutigen würde, in deren Fußstapfen zu treten und z. B. Medizin zu studieren. In diesem Falle hätten die medizinischen Fakultäten einen Anreiz dafür, ihre Ausbildungskontingente zu erhöhen (Stark 2004; mit Hinweisen auf die Situation in Afrika). Was dabei allerdings vergessen wird, ist, dass in vielen Ländern die Ressourcen schlicht und einfach fehlen, um kostenintensive Studiengänge an Universitäten derart zu expandieren. In einer dritten Phase, die mit dem neuen Optimismus zum Beitrag von Migration für Entwicklung seit den 2000er-Jahren einhergeht, aber auch deren Grenzen aufzeigt, wurde darauf verwiesen, dass in den Ländern, die *brain export* zu einer nationalen Arbeitsmarktpolicy erhoben haben – insbesondere die Philippinen – ein eklatanter Mangel an ausgebildeten

Fachkräften im Gesundheitssystem dieses Herkunftslandes bestehen. Erkenntnisse aus der empirischen Forschung legen nahe, dass ein Export von Fachkräften über eine gewisse Schwelle hinaus ausgesprochen negative Effekte auf die heimische Gesundheitsversorgung zeigt. Zu diesen Fällen gehört Malawi: Über zwei Drittel aller dort ausgebildeten Ärzte und Pfleger arbeiten in Großbritannien[4] (vgl. Commander et al. 2004 zu anderen Weltregionen).

Eine weitere Interpretation von *brain drain* verweist auf die politische Dimension. Die Emigration von beruflich geringer Qualifizierten kann als Sicherheitsventil für autoritäre politische Regime dienen. Bei der Abwanderung von sogenannten Hochqualifizierten kommt ein zusätzlicher Aspekt hinzu. Denn genau diese Gruppe stellt in der Regel das Gros der politischen Aktivisten, die der jeweiligen Regierung oft kritisch gegenüber eingestellt ist (Faist 2019, S. 238–268).

Insgesamt fällt auf, dass Regierungen in der Regel auf eine Mischung an Programmen zurückgreifen, welche die Loyalität bzw. das Zugehörigkeitsgefühl zu einem Staat als globaler Nation stärken, sowie Anreize für Investitionen, Remigration oder Zirkulation bieten sollen. Loyalität ist also neben Abwanderung *(exit)* und Widerspruch *(voice)* das dritte Element, um Diasporapolitik zu verstehen. Auf diese Weise wollen Regierungen in Emigrationsstaaten die aus ihrer Sicht erwünschten Formen von Transnationalität fördern. Oftmals ist allerdings der Herkunftsstaat nicht imstande, das Mitspracherecht der Abgewanderten durch Maßnahmen wie Überwachung oder gar Drohungen streng unter Kontrolle zu halten. Diese Herausforderung wird nicht nur durch die Existenz separatistischer und irredentistischer Diaspora deutlich, sondern auch durch die Aktivitäten politischer Oppositionsgruppen.

Zugehörigkeit, Nationalismus und Staatsbildung

Um mit der Diaspora assoziierte Praktiken zu verstehen, ist nicht nur ein Blick auf die Interaktionen zwischen Staaten und Diasporaorganisationen bzw. Staaten und ihren (ehemaligen) Mitgliedern erforderlich, sondern auch auf die Interaktionen zwischen Migranten und relativ Immobilen. Daher gilt es, zunächst, die abgewanderten Bürger in den Blick zu nehmen. Hier stehen insbesondere die sozial-moralischen Ressourcen von Bürgerschaft wie etwa Reziprozität, Solidarität und Vertrauen unter den Bürgern im Fokus.

Seit dem Ende des Kalten Krieges nehmen Diasporagruppen häufig für sich in Anspruch, verantwortlich für soziale Rücküberweisungen zu sein, wie

[4] https://www.africaportal.org/features/tackling-malawis-medical-brain-drain/ für eine davon abweichende Position, siehe Record und Mohiddin (2006).

eine verbesserte Lage hinsichtlich der Demokratisierung, der Gleichstellung der Geschlechter und der Menschenrechte. Auch das Recht auf nationale Selbstbestimmung klagen Diasporaorganisationen gelegentlich ein. Diese Ansprüche, zumeist ethno-nationaler Gruppen, sind besonders umstritten. Es sind vor allem drei Typen von transnationalen Gruppen, die in dieser Hinsicht eine Herausforderung für das Emigrationsland darstellen, teilweise auch für die betreffenden Immigrationsländer: Flüchtlinge, staatenlose Diaspora und herkunftsstaatsbezogene Diaspora. Die Rolle aller drei Kategorien geht weit über den Strom von Finanzkapital – etwa für die Finanzierung von Rebellenarmeen – hinaus und gibt Einblick in die Politik grenzübergreifend aktiver politischer Organisationen und Gemeinschaften. Staaten basieren nicht nur auf einer organisatorischen Infrastruktur und verschiedenen Mechanismen der legitimen Gesetzgebung und Gesetzesumsetzung. Sie sind gleichermaßen abhängig von Bedeutungszuschreibungen, die Nationen als politische Gemeinschaften überhaupt erst konstituieren. Die Mitgliedschaft in derartig imaginierten Gemeinschaften (s. o.) beruht nicht nur auf formalen Bindungen zwischen Staaten einerseits und Bürgern andererseits, sondern auch auf dem Vertrauen unter den Bürgern. Dieses Vertrauen zwischen Mitgliedern politischer Gemeinschaften lässt sich in Staaten nicht einfach von oben nach unten verordnen. Es sind diese sozial-moralischen Ressourcen, die auch Diaspora für sich zu mobilisieren versucht.

Flüchtlinge bzw. politische Exilanten, Emigranten und Mitglieder staatenloser Diasporagruppen sehen sich oftmals als Vorhut eines neuen Nationalstaats oder eines Nationalstaats, der dringend der Reform bedarf. Auf den ersten Blick scheinen sie Konkurrenten bestehender (Emigrations-)Staaten zu sein. Der Transfer von politisch-kulturellen Ressourcen nimmt viele Formen an und reicht von den Aktivitäten der Vertriebenen, deren Ziel es ist, die Menschenrechte in ihrem Herkunftsland zu verbessern, bis hin zu einem Nationalismus aus der Ferne *(long-distance nationalism),* mit dem die Schaffung eines neuen Nationalstaats angestrebt wird. Die erklärte Absicht von „staatenlosen" Diasporagruppen ist die Gründung eines neuen Nationalstaats oder zumindest ein hohes Maß an Autonomie in ihrem erklärten Heimatland. Diese Gruppen werden von Organisationen bzw. – je nach Sichtweise – von Befreiungsbewegungen oder terroristischen Vereinigungen, vertreten, die in einen bewaffneten Konflikt mit dem ehemaligen Heimatland verwickelt sind. Ein Beispiel dafür sind Flüchtlinge aus der Westsahara, die in Algerien in Lagern leben. Diese werden von der Frente Polisario unterhalten, welche die Westsahara von Marokko abspalten will.

Und doch haben Flüchtlinge oftmals einen großen Einfluss auf eine friedliche politische Entwicklung, indem sie zwischen konkurrierenden Gruppen vermitteln oder Ressourcen für die Aussöhnung und den Wiederaufbau zur Verfügung stellen. Bekannte Beispiele sind die Rolle der südafrikanischen Diaspora in der Anti-Apartheid-Bewegung und das Engagement der ugandischen und nigerianischen Diaspora. In Burundi, Somalia und Sudan trugen Diasporagruppen in Zusammenarbeit mit NROs in diesen Ländern zu Friedensverhandlungen bei. Aber auch im afrikanischen Kontext gibt es Fälle, in denen Diasporaorganisationen nationalistische Kräfte im Herkunftsland unterstützten und somit Konflikte verschärften (Nordien 2017, S. 6).

Die friedensfördernde Funktion von Organisationen wird an thematischen Netzwerken sichtbar. Hierbei handelt es sich um Verbindungen zwischen Personen und Organisationen, die Informationen und Dienste austauschen, um ein gemeinsames Ziel zu erreichen. Solche Verbindungen können sich zu Lobbygruppen (z. B. für Menschenrechte), geschäftlichen Netzwerken oder wissenschaftlichen Netzwerken (z. B. Bilecen und Faist 2015; Jöns 2009) verdichten. Oft gibt es einen gemeinsamen Diskurs über ein Thema wie Menschenrechte oder es gibt Mobilisierung rund um Professionen, und bisweilen gelten solche Netzwerke gar als der Kern einer „globalen Zivilgesellschaft" (Keane 2003). Im Gegensatz zu Organisationen ist der Zugang zu diesen Netzwerken nicht auf formale Mitglieder beschränkt. Themenbezogene Netzwerke blicken im Bereich der Menschenrechte auf eine lange Tradition zurück und gewinnen auch in puncto Umweltzerstörung und Umweltschutz an Bedeutung. Darüber hinaus entstehen sie auch unter Migranten, die aus Drittstaaten, darunter Ländern aus Afrika, in die Europäische Union (EU) migriert sind.[5] Was geschäftliche Netzwerke betrifft, stellen Menschen aus Auswanderungsländern, die im Ausland leben, eine wichtige Quelle finanzieller Transfers und Investitionen dar, sowohl in ihrer Rolle als Unternehmer in den Zielländern, in denen sie sich angesiedelt haben, als auch mit Bezug auf ihre Herkunftsländer (z. B. Agunias und Newland 2012), wo sie auch als Rückkehrer wirken. Im politischen Feld stellen Rückkehrer in manchen (Post-)Konfliktstaaten einen beträchtlichen Teil des politischen Personals; so etwa einem Drittel in Somalia (Vanore 2018). In der Geschäftswelt mildern Netzwerke die Probleme, die mit der Vollziehung von Verträgen verbunden sind (Transaktionskosten; vgl. Walther 2014).

---

[5] Als Beispiele können Aktivitäten in der ghanaischen und gambischen Diaspora in Deutschland dienen: https://www.cimonline.de/static/media/giz2016-de-diasporastudie-ghana.pdf und https://www.cimonline.de/static/media/giz_diaspora_gambia_online.pdf. Weiterhin sind auch europaweite Zusammenschlüsse sichtbar, wie etwa Afrique Europe Interact. Es besteht aus Diasporavertretern aus unterschiedlichen v. a. nord-, west- und zentralafrikanischen Ländern, europäischen wie afrikanischen Vertretern vor Ort: Themen sind z. B. Landgrabbing, Klimawandel, Migration, Flucht, Abschiebungen und politische Konflikte https://afrique-europe-interact.net/.

Über die Diaspora hinaus: Transnationale Familien

Nicht vergessen werden sollte, dass diasporische Gemeinschaften und Organisationen nur einen, wenn auch wichtigen, Bereich der Praktiken grenzübergreifender Interaktionen nicht-staatlicher Akteure bilden. Daneben finden sich Kleingruppen wie Familien und Verwandtschaftsnetzwerke. Hochgradig formalisierte, grenzüberschreitende Beziehungen innerhalb kleiner Gruppen wie Haushalte und Familien sind typisch für viele Migranten. Familien mögen an unterschiedlichen Orten leben, weil sich ein oder mehrere Mitglieder im Ausland aufhalten. Familien sind häufig durch ein hohes Maß an Verbundenheit zum gemeinsamen Herkunftsort gekennzeichnet. Ein klassisches Beispiel für solche Beziehungen sind transnationale Familien, die sich als wirtschaftlich-solidarischer Verbund verstehen und neben dem Hauptwohnsitz einen Schattenhaushalt in einem anderen Land unterhalten. Transnationale Familien nutzen die sozialen Bindungen innewohnender Ressourcen wie Reziprozität und auch mit symbolischen Bindungen einhergehende Ressourcen wie Solidarität.

Rücküberweisungen werden zumeist vom Ausland aus zu jenen transferiert, die sich weiterhin um den Haushalt im Herkunftsort kümmern. Es lassen sich umgekehrt auch Überweisungen von den Herkunfts- in die Zielländer beobachten *(reverse remittances)*, um beispielsweise Migranten beim Erwerb einer Arbeits- und Aufenthaltsgenehmigung zu unterstützen (s. o.) oder die Studiengebühren von Kindern zu finanzieren, die an Universitäten im globalen Norden in Paris, London, den USA, und zunehmend China studieren.

Der Transfer von finanziellen und sozialen Ressourcen baut auf Elementen sozialer Ordnungen in Familien und anderen Gruppen auf, die unter bestimmten Umständen patriarchalische Ordnungen bestätigen und sozialen Wandel verhindern. Ein sozialer Mechanismus, um einen kontinuierlichen Fluss an Überweisungen zu generieren, stellt die räumliche Segregation der Geschlechter dar. Beispielsweise wählten im Rahmen der Migration im Transnationalen Sozialen Raum Senegal-Frankreich erweiterte Familiengruppen die Heiratspartner für die männlichen Migranten aus. Die Frauen und Kinder wurden angehalten, sich weiterhin im Senegal aufzuhalten. Die Zusammenführung von Familien wurde im Herkunftskontext bewusst verhindert, um den Fluss an Rücküberweisungen aufrechtzuerhalten und die Wahrscheinlichkeit der Rückkehr der Familienväter zu erhöhen. Wichtig ist dabei, dass senegalesische Migrantenorganisationen ebenfalls mithalfen, diese Form sozialer Ordnung zu stützen (Mezger und Beauchemin 2014).

Diaspora und transnationale Akteure: Brückenbauer oder Konflikttreiber?
Aus all dem lässt sich schließen, dass transnationale Aktivitäten, die sich um nationale Interessen drehen, die Kongruenz eines Volkes, eines Staatsgebietes und einer Staatsautorität unterstützen, mit ihr in Konkurrenz treten oder sie sogar herausfordern können. Insgesamt wird deutlich, dass die einseitige Darstellung, Diaspora wären vor allem Kanäle für weitere Migration von Afrika nach Europa, wenig mit den beobachtbaren Prozessen zu tun hat. Vielmehr werden an den Aktivitäten von Diaspora die vielfältigen Interessen und Normen deutlich, die von Herkunfts- und Zielländern und dazwischen liegenden zivilgesellschaftlichen Organisationen vertreten werden. Diaspora bildet somit ein zentrales Bindeglied zwischen den beiden Kontinenten.

Die Antwort auf die Frage, ob Diaspora und andere transnationale soziale Strukturen eher die Funktion von Brückenbauern zwischen Herkunfts- und Zielländern oder als Konflikttreiber in den Herkunfts- und/oder Zielländern einnehmen, fällt also differenziert aus: Es kommt auf die Umstände an. Generell tragen rechtsstaatliche und demokratische Verfahren, eine berechenbare Wirtschaftspolitik, die Abwesenheit physischer Gewalt und Diskriminierung in den Herkunfts- und Zielländern dazu bei, dass Migranten stabile Beziehungen zu ihren Bezugsstaaten in den afrikanisch-europäischen Kontexten aufbauen können. Diese Zusammenhänge werden insbesondere bei der Rolle von Diaspora im Hinblick auf Konfliktverschärfung und Post-Konfliktbearbeitung deutlich. Ob neben den Zielländern auch die Herkunftsländer zumindest ökonomisch von den Beiträgen der Migranten aus dem Ausland positiven Nutzen ziehen können, ist jedoch unklar. Zu restriktiv sind die Immigrationspolitiken der meisten Zielländer in Europa und zu gering die Migrationsquoten. Noch unklarer ist die Lage hinsichtlich von Prozessen der Demokratisierung. Deutlich wird allerdings, dass auch im afrikanischen Kontext insbesondere die Familien von transnationalen Migranten durch Rücküberweisungen gerade in den Feldern Bildung und Gesundheit profitieren.

8 Europäische Interventionen – Zur Externalisierung von Migrationskontrolle

In Europa konzentriert sich die Diskussion auf illegale Migration aus afrikanischen Ländern. Dies ist eine äußerst verkürzte Vorstellung, da erstens die Mehrheit der Migration Süd-Nord in Afrika nicht Europa zum Ziel hat. Zweitens ist bis dato die Mehrheit afrikanischer Migranten in Europa mit gültigen Papieren (Visum) eingereist. Illegale Migration, die etwa mit der Überquerung des Mittelmeers auf seeuntüchtigen Booten verläuft, war bis vor kurzem weniger stark ausgeprägt (Alscher 2012). Die Zahl der nicht autorisierten Grenzübertritte an den Außengrenzen der EU hat seit 2015/2016 wieder deutlich abgenommen.[1] In diesem Kontext ist die politische Bearbeitung von Migration von einem Doppelansatz von Kontrolle bzw. zunehmenden Restriktionen einerseits und Entwicklungskooperation andererseits geprägt. Letzteres soll es, geht es nach dem Willen der EU-Staaten, im Tausch für die Kooperation afrikanischer Länder im Hinblick auf restriktive Migrationskontrolle geben. Dies bedeutet, dass mithilfe der EU-Staaten eine Infrastruktur für innerstaatliche Kontrollen und Grenzkontrollen in den Ursprungs- und Transitländern aufgebaut wird. Dabei werden dann, seitens der EU-Länder, weitere Mittel für Projekte der Entwicklungskooperation gewährt.

Externalisierung: Versuch der Fernsteuerung

Trotzdem ist deutlich erkennbar, dass bis jetzt die Restriktionen und der Export der Migrationskontrolle nach Afrika hinein – Externalisierung aus Europa nach Afrika – gegenüber Entwicklungskooperation eindeutig dominiert (Frelick et al. 2016). Externalisierung bezeichnet im Rahmen von Migrationspolitik die

[1] https://frontex.europa.eu/media-centre/news-release/frontex-publishes-risk-analysis-for-2019-Dh6Wkf. Zu den restriktiven Entwicklungen wie vermehrte Deportationen aus Algerien nach Niger im Jahre 2020, siehe u. a. den Bericht von Human Rights Watch: https://www.hrw.org/news/2020/10/09/algeria-migrants-asylum-seekers-forced-out.

T. Faist et al., *Mobilität statt Exodus*,
https://doi.org/10.1007/978-3-658-33351-5_8

Übertragung von Grenzkontrollen und -management an Drittstaaten sowie die Umdeutung des Einzugsbereichs der EU. Letzteres bedeutet, dass Migrationsmanagement weit außerhalb der Landesgrenzen von Zielländern stattfindet (Faist 2018b). Externalisierung ist damit der Versuch, Migranten daran zu hindern, die Territorien der Zielländer zu erreichen bzw. sie aus rechtlicher Sicht als illegale Migranten und damit als nicht zulassungsberechtigt zu klassifizieren (Casas-Cortes et al. 2016). Dabei können auch indirekte Maßnahmen, also der Rückgriff auf Kontrollmaßnahmen von Drittstaaten und privaten Akteuren wie Airlines erfolgen. Externalisierung beinhaltet für die Herkunftsländer finanziell lukrative „Deals“: So erhielt beispielsweise Kap Verde von 2007 bis 2009 insgesamt €27 Mio. von der spanischen Regierung als Kompensation für die stärkere Kooperation zur Bekämpfung von illegaler Migration.

Ein Beispiel für die Verknüpfung von Migrationskontrolle bzw. Restriktionen und Kooperationsmitteln sind Abschiebeabkommen. Insgesamt sind seit Beginn der 2000er Jahre Abschiebungen in Nord- und zunehmend Subsahara-Afrika grundlegendes Element der Externalisierung von Migrations- und Grenzkontrollen der EU und ihrer Mitgliedstaaten. Drittstaaten werden dabei aufgefordert, Menschen, die unter dem Verdacht stehen, nach Europa migrieren zu wollen, zu identifizieren und ggf. wieder in ihre Herkunfts- oder Transitländer zurück zu schicken. Für den afrikanischen Kontinent bedeutete das einen starken Anstieg innerafrikanischer Abschiebungen aus den Transitländern des Maghreb, vor allem aus Marokko, Algerien, Libyen sowie Mauretanien (s. o.). Diese erfolgen zumeist im Rahmen eines bi- oder multilateralen Abkommens mit der EU und/oder ihren Mitgliedstaaten.[2] Diese Abkommen knüpfen, vereinfacht gesagt, die Zahlung von Entwicklungsgeldern an die Bedingung, dass die Vertragsstaaten illegale Migration in Richtung Europa verhindern, u. a. durch Rückübernahme unerwünschter Migranten und Geflüchteter der eigenen Staatsangehörigkeit; unter bestimmten Bedingungen auch von Drittstaatsangehörigen und Staatenlosen.

Seit dem Vertrag von Amsterdam 1999 ist die EU mit den rechtlichen Kompetenzen ausgestattet, Migrations- sowie Rückübernahmeabkommen mit Drittstaaten zu schließen. Von Beginn an wurde dabei Migrationsmanagement an Handel und Entwicklungshilfe geknüpft und Migrations- sowie Rückkehrpolitik zunehmender Bestandteil der EU-Außenbeziehungen. Das politische Vorzeigeprojekt „Global

[2] Auch die Abschiebungen aus der EU in Maghrebländer hat in den letzten Jahren deutlich zugenommen, nicht zuletzt aufgrund der Tatsache, dass beispielsweise Deutschland diese Staaten zu sicheren Herkunftsstaaten erklärt hat; siehe https://www.sueddeutsche.de/politik/abschiebungen-innenpolitik-marokko-tunesien-algerien-1.4340966

Approach to Migration and Mobility (GAMM)“[3] legt seit 2005 einen geografischen Schwerpunkt auf Afrika und den Mittelmeerraum, um Migration aus diesen Regionen besser zu steuern.

Im Rahmen des Rabat- und des Karthum-Prozesses wurden (nicht-bindende) „Mobilitätspartnerschaften“ und „gemeinsame Absichtserklärungen“ unterzeichnet, die einerseits eine restriktive Agenda legaler Einreisemöglichkeiten und andererseits die Rückkehr und Wiederaufnahme sogenannter illegaler Migranten umsetzen sollten. Die angesichts der „Flüchtlingskrise“ entwickelte „Europäische Agenda für Migration“[4] verbindet seit Mai 2015 noch stärker EU-Migrationsinnenpolitik mit Außenpolitik. Mit Migrationsinnenpolitik ist hier der Bereich Asylpolitik gemeint, der innerhalb der EU weiter harmonisiert werden soll, sowie die Entwicklung einer neuen Einwanderungs- und Arbeitsmigrationspolitik, z. B. durch die Anerkennung von in Drittstaaten erworbenen Berufsqualifikationen. Konkret bedeutet diese Agenda hauptsächlich die Zusammenarbeit im Grenzschutz, den Kampf gegen Menschenhandel und -schmuggel sowie im Rahmen der Rückkehr und Wiederaufnahme von Migranten eine verstärkte Zusammenarbeit mit der Internationalen Organisation für Migration (IOM) und dem UN-Flüchtlingshilfswerk UNHCR.

Der *EU Emergency Trust Fund for Africa*[5] ergänzt die Europäische Agenda für Migration durch Maßnahmen für Arbeit, Bildung sowie humanitären Schutz für Migranten und Maßnahmen zum Grenzschutz und zur Rückkehr und Reintegration von Migranten im Herkunftsland. Mehr als bisher ist die europäische Agenda zudem an einen umfassenden externen Europäischen Investitionsplan mit dem Ziel der „Bekämpfung von Fluchtursachen“ geknüpft.[6] Ähnliche Investitionsmaßnahmen haben bislang aber kaum positive Auswirkungen in Herkunfts- und Transitländern von Migranten erzielt (Schultz 2018). Der neue Vorschlag für einen Asyl- und Migrationspakt der EU setzt diesen Trend klar fort: Der Schwerpunkt liegt auf Migrationskontrolle, Fluchtursachenbekämpfung und ein noch stärkerer Fokus auf Rückkehr, stark dominiert von EU-Bedarfen. Es sind auch Ansätze partnerschaftlicher Kooperation und legaler Migration darin enthalten bzw. sollen perspektivisch in diesem Rahmen entwickelt werden (Angenendt et al. 2020).

---

[3] Siehe: https://ec.europa.eu/home-affairs/what-we-do/policies/international-affairs/global-approach-to-migration_en.

[4] Siehe: https://ec.europa.eu/home-affairs/what-we-do/policies/european-agenda-migration_en.

[5] Siehe: https://ec.europa.eu/europeaid/regions/africa/eu-emergency-trust-fund-africa_en.

[6] Siehe https://eeas.europa.eu/sites/eeas/files/factsheet_migration_partnership_framework_update13_12_2016.pdf.

„Marshallplan mit Afrika"
Über die bisherigen Abkommen hinaus existieren auch umfassendere Pläne, welche die Ursachen von Flucht und Migration adressieren sollen. Der „Marshallplan mit Afrika", ein Vorstoß des deutschen Ministers für wirtschaftliche Zusammenarbeit, baut im Wesentlichen darauf, durch gehäufte Ressourcenallokation einen Sprung nach vorn für afrikanische Länder zu erreichen (BMZ 2017). Dabei wird auch die „Bekämpfung von Fluchtursachen" als ein vorrangiges Ziel benannt. Es kann allerdings bezweifelt werden, ob massive Geldtransfers, wie es auch der neue Marshall-Plan vorsieht, an der Gesamtsituation viel ändern würden. Es bietet sich ein Vergleich zum historischen Marshall-Plan an, innerhalb dessen zwischen 1948 und 1952 etwa US $ 14,3 Mrd. an Hilfe flossen; was etwa US $ 130 Mrd. im Jahre 2017 entspricht. Nach Subsahara-Afrika sind aber nach Schätzungen seit den 1960er Jahren bereits ca. US $ 600 Mrd. Hilfsgelder geflossen. Deshalb ist auch die Annahme, durch erfolgreiche Entwicklungshilfe oder auch Direktinvestitionen europäischer Firmen Migration aus Afrika nach Europa eindämmen zu können, zumindest in ihrer einfachen Form problematisch. Es sei hier ganz grundlegend an die bereits erwähnte umgekehrte U-Kurve erinnert, die besagt, dass grenzübergreifende Migration insbesondere aus Ländern mit mittleren Einkommen heraus stattfindet (Kap. 2). Sozio-ökonomische Entwicklung vermehrt dabei genau die Zahl der Emigrationsländer in dieser Kategorie; führt also mittelfristig eher zu einem Anwachsen des Migrationspotentials. Abgesehen davon entpuppe sich der Marshallplan nach Ansicht seiner Kritiker bei genauerer Betrachtung aktuell als „Mogelpackung", da er bisher mit keinen finanziellen Ressourcen ausgestattet sei, sondern vielmehr ein Konzept ohne konkreten Plan zur Umsetzung, das zudem im Widerspruch zu deutschen Handelsinteressen in Afrika stünde (Jung 2018, S. 200).

Auch wenn im Hinblick auf „Bekämpfung von Fluchtursachen" viele Fragen offenbleiben, so bietet sich ein Blick auf die geografische Situation und den politischen Kontext an. Der Blick auf die Landkarte verrät schnell, dass keiner der subsahara-afrikanischen Staaten in der unmittelbaren Nachbarschaft Europas gelegen ist. Bevor die Flüchtlinge Europa erreichen, steht daher erst einmal eine längere Phase der Migration durch Nordafrika an – oder, im Fall von Flüchtlingen aus Somalia und anderen ostafrikanischen Ländern, teilweise auch durch Länder des Nahen Ostens wie den Jemen (Research and Evidence Facility 2017). Unterscheiden lassen sich hauptsächlich die Route über Westafrika auf die Kanarischen Inseln, über Marokko nach Spanien, die Route über Libyen und Tunesien nach Italien und Malta, sowie die Route über die Türkei nach Griechenland. Zu unterschiedlichen Zeitpunkten können jeweils andere Routen besonders wichtig sein (Schapendonk 2012, S. 29–30).

Politisch dürfte die zentrale Begründung für die Entscheidung einen Schwerpunkt auf Kooperation der G20 mit afrikanischen Staaten in der zu erwartenden Migrationsentwicklung liegen, d. h., das prognostizierte Bevölkerungswachstum in Afrika sowie der damit auch einhergehende Anstieg von Migration und Flucht. Das alles überragende politische Schlagwort lautet also: Fluchtursachenbekämpfung. Gemeint sind damit vor allem die Bekämpfung von Kriegen und mangelndem Wirtschaftswachstum auf dem afrikanischen Kontinent. Es wird ausgeblendet, dass die Verwirklichung dieses Ziels nach heutigem Wissensstand und struktureller Verfasstheit der realen Staatenwelt, in Afrika wie auch in Europa, kurz- bis mittelfristig nicht organisierbar sein dürfte. Beispielsweise würden stabilere politische und ökonomische Verhältnisse in manchen Ländern Afrikas nicht nur eine faire Handelspolitik, sondern auch weniger Interventionen europäischer Mächte in die inneren Angelegenheiten der betroffenen Staaten voraussetzen. Darüber hinaus müssten ganz grundlegend politik-ökonomische Eliten, die z. B. Rentier-Staaten regieren (also Staaten, in denen Einkommen über Knappheitslagen bei Rohstoffen wie Erdöl oder seltene Erden erzielt und von „oben" nach „unten" verteilt wird; siehe Kap. 2), durch solche mit weniger einseitig orientierten Verteilungsstrategien ersetzen.

Die bisherigen Externalisierungsversuche haben hingegen nur eine oberflächliche Kooperation afrikanischer mit EU-Ländern geschaffen. Aber gerade weil diese Politiken ihren Status als Zielländer zementieren, wehren sich insbesondere nord- und z. T. westafrikanische Länder gegen diese Deals. Diese Länder gehören zu der Kategorie, die von Emigration und dazugehörigen Rücküberweisungen profitiert. Dies ist auch der Grund, warum immer wieder bi- und multilaterale Abkommen über die Rücknahme von Drittstaatenangehörigen scheitern. Ein lehrreiches Beispiel ist Mali. Hier wurde 2009 ein Rückübernahmeabkommen mit Frankreich nicht unterzeichnet und zudem kam 2016/2017 ein Migrations- und Rückübernahmeabkommen mit der EU nicht zustande. Dagegen gab es jeweils massive zivilgesellschaftliche Proteste (Kap. 6; s. a. Soukouna 2012; Traoré 2016). Daher verfolgen die EU und ihre Mitgliedsstaaten zunehmend einen flexiblen Ansatz unterschiedlicher Rahmenverträge und Absichtserklärungen in Bezug auf Rückübernahmeabkommen. Diese fordern weniger Verbindlichkeit von Kooperationspartnern und werden so den vielseitigen Interessen gerechter; auch in Bezug auf Widersprüche zwischen den Hoheitsrechten der EU sowie einzelner Mitgliedstaaten. Gegebenenfalls sind sie leichter umzusetzen als formelle Abkommen (Cassarino et al. 2017). Abgesehen davon geht es bei Rückübernahmeabkommen häufig um Verhandlungsmasse bei umfassenderen Vereinbarungen, beispielsweise zu Energiesicherheit, Terrorismusbekämpfung, Grenz- oder Polizeikooperation (Schultz 2018). Gemäß dem Vorschlag für einen neuen EU- Asyl- und Migrationspakt soll dieser Ansatz in Zukunft noch stärker verfolgt werden.

Diese vorläufige Bewertung bedeutet aber nicht, dass kleinteiligere Projekte keine Verbesserung der Lebenschancen von Menschen bedeuten können. Das Bundesministerium für Wirtschaftliche Zusammenarbeit und Entwicklung (BMZ) gewährte bisher sechs Reformpartnerländern – Äthiopien, Côte d'Ivoire, Ghana, Marokko, Senegal und Tunesien – eine zusätzliche bilaterale Unterstützung; seit 2017 insgesamt über 2 Mrd EUR. Ziele sind der Ausbau erneuerbarer Energien, die Verbesserung der Energieeffizienz und die Entwicklung des Finanz- und Bankensektors. Im Gegenzug verpflichteten sich die Länder ihrerseits zu Reformen.[7] Dies erfolgt letztlich im Rahmen des oben erwähnten Marshallplans, der damit an Gestalt gewonnen hat und den „Compact with Africa" umsetzt, eine Initiative des Bundesfinanzministeriums im Rahmen des deutschen Afrikajahrs 2017 mit Deutschlands G20-Vorsitz. Begleitet wird diese Unterstützung etwa durch die BMZ-Sonderinitiative für „Ausbildung und Beschäftigung". Diese soll in den kommenden Jahren bis zu 100.000 Arbeits- und 30.000 Ausbildungsplätze schaffen. Zumindest auf dem Papier verfolgt der Marshallplan damit das Ziel wirtschaftlicher und sozialer Transformation, um nachhaltig zur Entstehung von Arbeitsplätzen zu kommen; anders als der Compact with Africa, der vornehmlich die Verbesserung der Infrastruktur und finanzielle Investitionen verfolgt. All dies ist wiederum letztlich in das Programm der Fluchtursachenbekämpfung einzuordnen (vgl. Schultz 2020).

Die Migrationsrestriktionen und die Maßnahmen der Externalisierung auf der einen und die Semantik der Fluchtursachen auf der anderen Seite zeigen klar identifizierbare Folgen für Migranten bzw. Flüchtlinge und die Herkunfts-, Transit- und Ankunftsländer. Begleitet wird die Restriktionspolitik von einer Rhetorik der Stereotype, die Schleuser *(smuggler)* und Menschenhändler *(trafficker)* oft in eins setzt und sie als Täter klar den Migranten als Opfer gegenübersetzt. Tatsächlich reisen die meisten Migranten eigenverantwortlich und nehmen nur an bestimmten Stellen die Dienste von Schleusern – oft lokale Akteure wie Nomaden oder Fischer – in Anspruch, um beispielsweise Polizisten und Soldaten zu entgehen, von denen für viele Migranten die weitaus größere Gefahr ausgeht. Manchmal werden Migranten selbst zu Schmugglern oder Teile von Schmuggelnetzwerken,

[7] https://www.bmz.de/de/presse/aktuelleMeldungen/2017/juni/170612_pm_072_Entwicklungsministerium-vereinbart-Reformpartnerschaften-mit-drei-afrikanischen-Laendern/index.jsp sowie Drucksache 19/18486, Antwort auf die Kleine Anfrage der Fraktion der FDP – Drucksache 19/17490 – Aktueller Stand zum „Marshallplan mit Afrika", Deutscher Bundestag, 19. Wahlperiode: https://dip21.bundestag.de/dip21/btd/19/184/1918486.pdf.

die sich bereits aus ihrem Heimatort bis ins Ankunftsland fortsetzen (Richter 2016; Ayalew Mengiste 2018). Selbst im Fall von Menschenhandel mit nigerianischen Frauen im Kontext der Zwangsprostitution sind die betroffenen Frauen nicht ausschließlich passive Opfer: „*Therefore, smuggling should certainly not be seen as the cause of irregular migration, which is however the rational underlying policies to 'combat illegal migration'. On the contrary, the growing importance of smuggling is rather a response to increasing migration restrictions and repression*“ (de Haas 2007, S. 26). Etwas überspitzt könnte man sagen, dass, durch die Rhetorik der kriminellen Schleuser (die es durchaus gibt) und vor allem der Restriktionen, die Probleme erst geschaffen werden, die man zu bekämpfen sucht.

Nicht beabsichtigte Nebenfolgen der Externalisierung
Es sind zumindest die nicht intendierten Folgen dieser Politik, die einen Teufelskreis erzeugen. Militarisierte Grenzen zwischen afrikanischen Ländern werden durch die EU bzw. ihre Mitgliedsstaaten finanziert und teilweise in Kooperation mit lokalen Behörden implementiert. Sie schaffen höhere Risiken für Migranten, die wiederum nicht nur mehr Geld investieren müssen, um diese Hürden zu überwinden. Denn als Folge stärkerer Migrationskontrollen in Afrika selbst findet eine Professionalisierung der Schmuggel-Netzwerke statt, die aufgrund der Notwendigkeit Kontrollen zu umgehen und unentdeckt zu bleiben, auch der Aktivität von Menschenhändlern Vorschub leistet. Es kommt also zu einer Aufrüstungsspirale, indem Vertrauen in die Schleuser durch Geld ersetzt und durch ein ökonomisches Tauschgeschäft mit teilweise kriminellen Banden abgelöst wird.

Eine empirische Illustration dieser Spirale ist im Niger die Stadt Agadez, die ebenso wie Tamanrasset als eine Art Fadenkreuz für Mobilität aus Subsahara-Afrika und Nordafrika fungiert – von wo aus sich verschiedene Routen aus Subsahara-Afrika treffen und wieder aufspalten: in Richtung Westafrika und Kanarische Inseln, Marokko und Spanien, Libyen, Tunesien und Italien, Malta (Abb. 8.1). So leben wohl mehr Migranten aus Subsahara-Afrika in Nordafrika als in Europa, und viele Städte in Nordafrika – sowohl auf den Migrationsrouten zwischen Subsahara-Afrika und Europa als auch jenseits von diesen – haben mittlerweile eine nennenswerte subsahara-afrikanische Population. Wirtschaftliche Faktoren, das gesellschaftliche Klima und die Migrationspolitik nordafrikanischer Länder spielen eine Rolle bei der Entscheidung, ob Migranten weiterreisen oder sich niederlassen.

Um ein Beispiel für die nicht beabsichtigten Folgen der Externalisierung zu geben: Noch Anfang der 2000er Jahre betrieben vor allem ehemalige Rebellen das Geschäft des Transports von Migranten durch Niger nach Libyen oder Marokko.

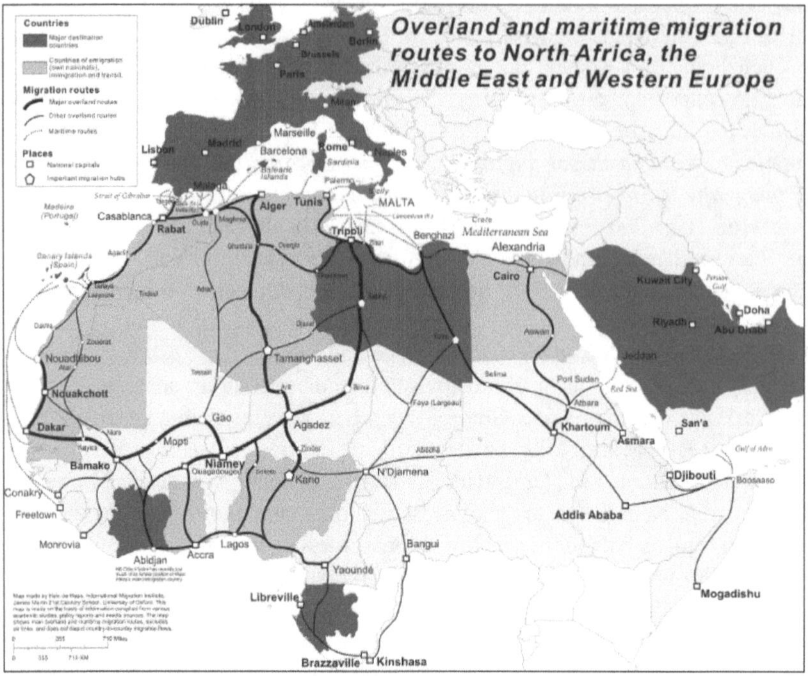

Abb. 8.1 Migrationsrouten durch Nordafrika. (Quelle: de Haas 2007, S. 17)

Sie nutzten dazu die regulären Pisten durch die Wüste, was der alten Karawanen-Route entspricht.[8] Das Risiko in der Wüste zu verdursten schien beherrschbar. Als jedoch im Laufe der 2000er-Jahre immer mehr von der EU finanzierte Kontrollen entlang der Strecken um Agadez installiert wurden, wichen die Schleuser auf Nebenrouten aus, die aber auch gefährlicher für Leib und Leben waren (Brachet 2018). Da dieses Geschäft aufgrund der hohen Risiken neue Betreiber anzog, wurde die als Schleuser fungierende Gruppe der Rebellen durch kriminelle Netzwerke verdrängt. Aufgrund der stärkeren Kontrollen, dem Ausweichen auf weniger sichere Routen und der Kommerzialisierung des Geschäfts entwickelte sich die Sahara im Laufe der Zeit analog zum Mittelmeer als „Massengrab" bzw. als „Friedhof" (ebd.). Durch die Kriminalisierung der Schleusertätigkeit wurde

[8]Es waren ehemals die Touareg, die diese Routen befuhren und auch den Schmuggel übernahmen, heute ist es v. a. die Gruppe der Teda, die kriminalisiert wird (Musch 2017).

also der Transit gefährlicher und der Geschäftszweig lukrativer. Bei der Versicherheitlichung von Migration und ihre negativen Folgen für Migranten ist auch zu bedenken, dass in Teilen der Region starke Militäraufgebote der UN und vor allem die französische Mission „Barkhane" sowie die G5 Sahel Joint Force (Mauretanien, Mali, Niger, Burkina Faso und dem Tschad) tätig sind, die unter dem Namen der Terrorbekämpfung auch Migrationsbekämpfung vornehmen.[9] Es findet also eine verstärkte Militarisierung von Migrationskontrolle statt (Müller 2018). Die Kontrollpolitiken, welche nach öffentlichem Bekunden die Gefahr reduzieren sollten, entwickelten sich zu Treibern genau des Prozesses, den sie zu bekämpfen vorgeben. Es ist ein klassischer Fall nicht intendierter Nebenfolgen.

Tauschgeschäft von Entwicklung und Migrationskontrolle

Die Externalisierung von Migrationskontrolle durch Militarisierung und Fernsteuerung *(remote control)* wird mit der neuen europäischen Agenda für Migration 2016 vor allem durch sog. „Migrationspartnerschaften" mit Einzelstaaten wie Niger, Mali, Nigeria, Senegal und Äthiopien durchgeführt. Einfach gesagt handelt es sich dabei um ein (ungleiches) Tauschgeschäft von Mitteln für Entwicklung und Migrationskontrolle im Tausch für die Rücknahme von Geflüchteten. Dies ist auch eines der vorrangigen Ziele des sog. Khartum-Prozesses, den die EU u. a. mit Eritrea, Libyen und dem Sudan unterhält. Hier werden auch die Grenzen legitimer staatlicher Migrationskontrolle ausgelotet: Alle drei genannten Staaten werden ansonsten aufgrund ihrer Verstöße gegen Menschenrechte teils heftig kritisiert. Man denke etwa an Eritreas Zwangsdienst für junge Erwachsene und das damit verbundene Exit-Verbot.[10] Diese Verletzungen der Menschenrechte scheinen aber im Feld der Migrationskontrolle keine entscheidende Rolle mehr zu spielen (Landau et al. 2018, Kipp et al. 2018, S. 12). Diese Länder „übernehmen die Rolle der Wächter Europas, obwohl Eritrea das Hauptherkunftsland afrikanischer Flüchtlinge in Europa ist und der Internationale Strafgerichtshof einen Haftbefehl gegen den ehemaligen sudanesischen Machthaber Omar al-Bashir wegen Völkermordes, Verbrechen gegen die Menschlichkeit und Kriegsverbrechen vor dem Internationalen Strafgerichtshof angeklagt ist." (Amnesty International 2017b, S. 4) Die Rolle Deutschlands wird in dem zitierten Bericht kritisch gesehen, u. a. aufgrund des Grenzschutzprogramms „Better Migration Management" der Gesellschaft für Internationale Zusammenarbeit (GIZ) in Ostafrika (dies.,

[9] https://www.foreignaffairs.com/articles/niger/2017 08 31/europes migrant hunters

[10] Demnach ist internationale Migration in Eritrea für Menschen zwischen 18 und 41 Jahren offiziell untersagt, da sie verpflichtet sind unbefristet und unbezahlt nationalen Militärdienst abzuleisten (vgl. Ayalew Mengiste 2018: 60).

S. 6–8). Tatsächlich hat sich das Instrument der Migrationspartnerschaften bisher als wenig erfolgreich erwiesen, was sich v. a. an der Kooperationsverweigerung einzelner Staaten (v. a. Mali und Äthiopien) zum Thema Abschiebungen zeigt, die häufig konträr zu den Interessen einiger afrikanischer Staaten und ihrer Bürger laufen, z. B. durch den Verlust an Rücküberweisungen. Nicht zuletzt ist dies wohl auf die asymmetrische Architektur der Abkommen zurückzuführen (Schultz 2020; Zanker et al. 2019). An dieser Stelle ist auch genereller darauf zu verweisen, dass Migrationspolitik insbesondere für einige Staaten in Subsahara-Afrika keine Priorität darstellt. So haben beispielsweise in Westafrika sozioökonomische Aspekte wie die Entwicklung des Landes, Beschäftigung, Bildung und Gesundheit sowie Sanitäranlagen und Infrastruktur eine viel höhere Priorität als die Migrationspolitik (Adam et al. 2019).

Tunesien mag hier als ein weiteres Beispiel unter vielen dienen: Das Land ist seit 1998 bzw. 2004 durch ein Assoziierungsabkommen bzw. im Rahmen der Europäischen Nachbarschaftspolitik mit der EU verbunden. Dadurch partizipiert Tunesien auch am externalisierten Grenzschutz der EU. Pro Asyl, Brot für die Welt und Medico International kritisieren in diesem Zusammenhang u. a. die unmittelbare Rückführung von in Lampedusa angekommenen Migranten und Flüchtlingen nach Tunesien, die zögerliche Beteiligung der EU an *Resettlement*-Programmen für Menschen, die vor dem libyschen Bürgerkrieg in tunesische Flüchtlingslager geflohen waren, und die sich darin ausdrückende Tendenz zur Externalisierung auch des Flüchtlingsschutzes trotz der in solchen Lagern oft sehr schlechten Lebensbedingungen (Kopp und Dünnwald 2013).

Die Spirale der Erzeugung von Unsicherheit und erhöhten Gefahren, die in einer Zunahme von Migration als illegal bzw. irregulär münden, werden durch weitere Maßnahmen verstärkt. Dazu gehören nicht nur das Beenden humanitärer Rettungsmissionen im Mittelmeer nach dem italienischen Vorstoß *Mare Nostrum* oder der personellen und infrastrukturellen Stärkung von der EU Grenzschutzbehörde FRONTEX. Dazu gehören auch Abschiebelager für Gestrandete wie etwa „Guantanamito" in Mauretanien (Dünnwald 2013), wobei in diesem Falle in der Hafenstadt Nouadibhou aufgegriffene Migranten und Flüchtlinge interniert und anschließend nach Senegal oder Mali abgeschoben wurden. Auch von den schon erwähnten Abschiebungen tausender Subsahara-Afrikaner aus Algerien ist seit 2015 auszugehen (u. a. ECRE 2018).[11]

---

[11]Mitte 2018 veröffentlichte die IOM zum ersten Mal Zählungen wonach seit Mai 2017 allein 13.000 Menschen aus Subsahara-Afrika von der algerischen Polizei an die Grenze zum Niger abgeschoben und in der Wüste ausgesetzt worden waren. Von dort mussten sie zu Fuß weitergehen, bis sie vom Internationalen Roten Kreuz, der IOM und anderen Organisationen

Folgen der Externalisierung für Kontrolle und Rücküberweisungen
Zu den Folgen der Externalisierung in West- und Zentralafrika gehören die Effekte der Blockierung der zentralen Mittelmeerroute an ihrem Knotenpunkt im nigrischen Agadez durch die EU. Seitdem suchen sich viele Migranten aus Ländern südlich der Sahara neue Wege, weichen auf die westliche Route über Algerien und Marokko aus. Rund 40.000 subsaharische Geflüchtete sollen so Anfang 2018 in Marokko gestrandet sein und auf ihre Überfahrt warten (Misereor 2018). Besonders sinnfällig wird dieser Wechsel der Routen an den Vorposten der EU auf dem afrikanischen Kontinent, nämlich den zu Spanien gehörenden Enklaven an der marokkanischen Küste, Ceuta und Melilla. In diesem Falle übernimmt der marokkanische Staat für die EU die Aufgabe, Migranten von ihren Toren fernzuhalten. In der Gegend um Melilla lebten Anfang 2018 etwa 5000 Flüchtlinge aus Westafrika und dem Mittleren Osten unter schlimmsten Verhältnissen. Wer es versucht, nach Spanien zu gelangen, muss drei sechs Meter hohe Zäune und patrouillierte Gräben, zu denen auch Kameras und Sensoren gehören, überwinden (Abb. 8.2). Die Posten der marokkanischen Armee und auf spanischer Seite die Patrouillen der Guardia Civil kooperieren hierbei, auch bei den „heißen Abschiebungen“, bei denen es menschenrechtswidrig zu Abschiebungen von spanischem Territorium nach Marokko kommt.

Als Folge von Externalisierung wird nicht nur Migration unterbunden und es werden Menschenrechte verletzt, was teilweise in einem Teufelskreis der wachsenden Unsicherheiten endet. Darüber hinaus ist ein weiterer, voraussichtlich nicht beabsichtigter Effekt zu beobachten. Weniger Migration nach Übersee reduziert auch die Möglichkeit, mittels finanziellen Rücküberweisungen die menschliche Entwicklung zu befördern (Nshimbi 2017; Krämer et al. 2013). Dies wiederum widerspricht dem erklärten Politikziel, dass die Entwicklungskooperation „von unten“, also die zivilgesellschaftliche Seite, in diesem Falle von den Migranten selbst, gestärkt werden soll. Diese Beobachtung gewinnt nicht zuletzt angesichts der Tatsache an Bedeutung, dass die Flüsse an Ressourcen die Mittel der offiziellen Entwicklungszusammenarbeit weltweit und auch in Afrika übersteigen. Inzwischen sind die finanziellen Rückflüsse über Migranten drei Mal so hoch wie die offizielle Entwicklungshilfe (Stojanov und Strielkowski 2013); auch wenn immer berücksichtigt werden muss, dass es auch umgekehrte Flüsse gibt, also von

versorgt und aufgenommen wurden. Die Zahlen der Verunglückten sind nicht bekannt. https://apnews.com/9ca5592217aa4acd836b9ee091ebfc20, letzter Zugriff: 20.02.2019.

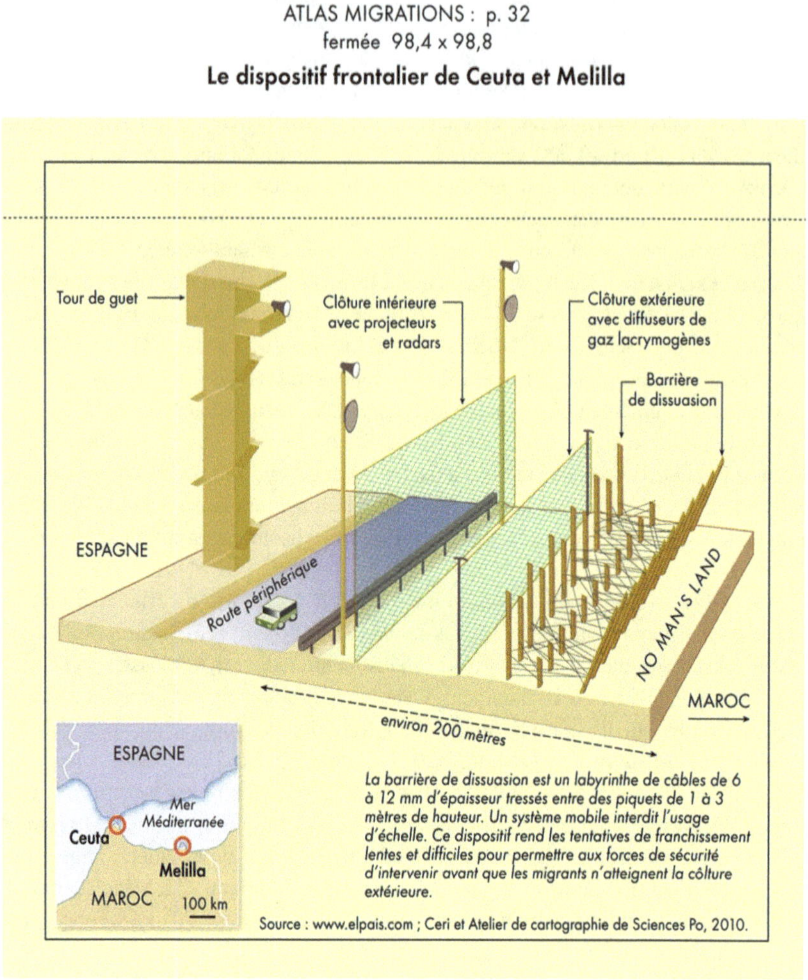

Abb. 8.2 Grenzanlagen in Ceuta und Melilla.

den Ursprungsländern in die Zielländer, etwa über den Abfluss von Wissen und Gehirnen *(brain drain)* oder über die Investitionen, die Familien für migrierende Angehörige tätigen, damit diese in anderen Ländern Fuß fassen können (siehe auch Kap. 7).

Repatriierung im Rahmen von Externalisierung und Militarisierung
Neben der Externalisierung der Kontrolle von Migranten und Flüchtlingen in afrikanischen Ländern müssen selbstverständlich die Bemühungen um verstärkte und sich wandelnde Formen der Internalisierung von Kontrolle berücksichtigt werden. Internalisierung und Externalisierung von Kontrolle durch Militarisierung und Versicherheitlichung resultieren teilweise auch in Problemen für die Integration von Geflüchteten. Über (freiwillige) Repatriierung und Deportation von Geflüchteten aus Europa zurück in die Herkunftsländer sind Integration in den Zielländern und Reintegration in den Herkunftsländern eine beträchtliche Herausforderung. Ein zunehmend nur temporärer Status von Geflüchteten in Europa, z. B. mit subsidiärem Status, bedeutet u. a., dass Familienmitglieder kurz- bis mittelfristig nicht zusammenleben können. Auch die Reintegration der abgeschobenen Geflüchteten bleibt auf politischer Ebene ungeklärt, auch wenn diese politisch gerade virulent diskutiert und zunehmend praktisch angegangen wird.

Reintegrationsmaßnahmen nach freiwilligen und vielmehr noch unfreiwilligen bzw. erzwungenen Rückführungen waren bisher vor allem Einzelmaßnahmen bzw. kleinere Programme. Von Deutschland aus wurden beispielsweise Programme für Rückführungen in den Kosovo, aber auch nach Irak und Ghana in Kooperation mit der IOM durchgeführt. Systematische Auswertungen gibt es kaum (Koser und Kuschminder 2015). Im Zuge der aktuellen Externalisierungswelle werden diese Programme zum Teil massiv in die Breite entwickelt. So hat das BMZ seit 2017 eine Abteilung für Rückkehr, Reintegration und Entwicklung, die u. a. durch das Programm „Perspektive Heimat" in Zusammenarbeit mit der GIZ, dem Bundesamt für Migration und Flüchtlinge (BAMF) und der IOM sowie Herkunfts und Transitländern von Migrantinnen u. a. Informations- und Wiederaufnahmezentren in Ländern wie Marokko oder Senegal baut. Menschen sollen vor und nach der Rückkehr beraten und geschult werden.[12] Die finanzielle Unterstützung für Einzelpersonen im Rahmen von „Starthilfe Plus" ist allerdings mit geringen Mitteln ausgestattet. Und auch hier geht es wiederum um Einzelfälle.

Gefördert durch den *EU-Emergency Trust Fund,* existieren bereits auch breitere Programme zu Migrationsmanagement und Reintegration in einigen afrikanischen Ländern, insbesondere in West- und Ostafrika. Rückführungen erfolgen zunehmend v. a. aus Nordafrika sowie dem Niger (vgl. z. B. Bartels 2020). Hier geht es um Tausende „Nutznießer"; in Mali z. B. umgesetzt durch die spanische Entwicklungsagentur und die IOM. Diese Personen werden allerdings in ihrer Betreuung dadurch differenziert, ob sie sich auf dem Weg nach Europa befanden oder nicht

[12] https://www.bmz.de/de/themen/Sonderinitiative-Fluchtursachen-bekaempfen-Fluechtlinge-reintegrieren/deutsche_politik/aktionsfeld_4/index.jsp

(vgl. Sylla und Schultz 2019).[13] Nicht zuletzt zeigt sich, dass afrikanische Regierungen eher bei „freiwilligen“ Rückkehr-Programmen kooperieren, da es eine würdevollere und humanere Rückkehr ermöglichen kann (Adam et al. 2019). Allerdings ist es angesichts der Bedenken, die zu ähnlichen Ansätzen geäußert wurden, sehr fraglich, inwieweit diese Programme fruchten können.

Insgesamt stellen sich für viele afrikanische Länder folgende Probleme in der Flüchtlingspolitik (Crisp 2006, S. 4–5). Erstens fungiert der globale Norden als ein Vorbild für restriktive Flüchtlingspolitik. So führten viele nordafrikanische Staaten auch die Visumspflicht ein. Darüber hinaus nutzen diese Staaten Migration als Faustpfand und obstruieren die EU-Transit-Politik. Man denke etwa an Gaddafis Politik gegenüber Italien und der EU. Dabei diente der eigene Finanzbedarf als Verhandlungsmasse, um den EU-Druck, Migration einzudämmen etwas abzumildern. Libyen unter Gaddafi war das erste Land auf dem afrikanischen Kontinent, mit dem ein europäischer Staat, nämlich Italien, zu Beginn der 2000er-Jahre Migrationskooperationen aufnahm. 2008 schlossen die beiden Länder den „italienisch-libyschen Freundschaftspakt“, in dessen Rahmen u. a. ein 5 Mrd. $ teure Küstenautobahn in Libyen gebaut wurde (Engler 2017). Der Pakt wurde 2018 erneuert. Zweitens erfahren afrikanische Transit- und Zielländer gerade im Hinblick auf Geflüchtete mangelnde Unterstützung. Im Gegenteil, durch Externalisierung und Mobilisierung werden viele Lasten von Migrationskontrollen vor- bzw. rückverlagert. Drittens, damit verbunden, ist nicht zuletzt im Einklang mit rigiden Kontrollpolitiken verstärkte Fremdenfeindlichkeit in Kenia und Tansania zu beobachten (Milner 2009, S. 92–107); ähnlich wie in Südafrika (Kap. 5).

---

[13] https://ec.europa.eu/trustfundforafrica/region/sahel-lake-chad/mali/renforcement-de-la-gestion-et-de-la-ouvernance-des-migrations-et-le_en

9 Was tun? Zur Förderung von Mobilität

Zuallererst sollte man nicht vergessen, dass weder afrikanische noch europäische Staaten ein Interesse am völligen Erliegen der Migrationsflüsse Afrika-Europa haben. Auf europäischer Seite besteht nach wie vor ein Interesse an „billigen und willigen" Arbeitskräften, was durch die irreguläre Beschäftigung etwa in der Landwirtschaft südeuropäischer Länder hinlänglich bestätigt wird. Und auf der Seite vieler afrikanischer Staaten spielt das Überangebot an Arbeitskräften, also der oft erwähnte demografische Überschuss, einen entscheidenden politischen Treiber dar (Kap. 2).

Die bisherige Analyse ergibt, dass Mobilität in Afrika, die gerade nicht in einem Exodus nach Europa resultierte, durch Externalisierung und restriktive Politikansätze unterbunden wird. Hinzu kommt, dass trotz des deutschen „Afrika-Jahres 2017" auf europäischer Seite immer noch bi- und multilaterale Ansätze mit einzelnen afrikanischen Staaten im Vordergrund stehen, die auf eine kurzfristige Verminderung der Migranten-Zahlen zielen. Leider werden trotz des Mantras einer dringend erforderlichen „Fluchtursachenbekämpfung" die strukturellen Ursachen und Treiber von Migration in den von europäischer Seite aus ergriffenen Maßnahmen eher außer Acht gelassen. Ebenso geraten die Interessen der afrikanischen Seite bisher zu schnell aus dem Blick. Zu den legitimen Interessen gehören etwa die Rücküberweisungen von Migranten, die auch in vielen afrikanischen Ländern die Mittel der bi- und multilateralen Entwicklungskooperation bei Weitem übersteigen. Gerade sie aber sind ein wesentlicher Faktor für wirtschaftliche und soziale Entwicklung; insbesondere im Bildungsbereich und Gesundheitssektor, aber auch für das Kleingewerbe.

T. Faist et al., *Mobilität statt Exodus*,
https://doi.org/10.1007/978-3-658-33351-5_9

Partnerschaft in der Migrationspolitik?
Es ist daher notwendig, den eurozentrischen Blick teilweise zu überwinden und damit den Fokus nicht nur auf Immigrationsländer zu legen. Dabei ist das Querschnittsthema Migration und Flucht nur ein Beispiel unter anderen Feldern wie etwa der Handelspolitik. Es ist hinlänglich bekannt, dass durch EU-Handelspolitik Barrieren für afrikanische Exporte bestehen; siehe das schon erwähnte Beispiel von Kakao und Schokolade. Aber die Bedeutung geht darüber hinaus: Durch staatliche Subventionen sind manche europäischen Agrarprodukte so preisgünstig, dass sie einheimische Produkte aus afrikanischen Märkten verdrängen. Hier gäbe es also offensichtliche Stellschrauben.[1] Die zuletzt abgeschlossenen Economic Partnership Agreements (EPA), z. B. mit westafrikanischen Staaten der ECOWAS, erleichtern allerdings weiter die Einfuhr europäischer Produkte auf dem afrikanischen Markt und heben damit auch Schutzzölle auf, die im Zuge der Dekolonialisierung etwa französischen Produkten auferlegt wurden.[2] Ein Augenmerk sollte vielmehr auf Unterstützung der und Kooperationen im Rahmen der Afrikanischen Freihandelszone liegen (Schmieg 2020).

Näher an der Migrationsthematik gibt es ebenfalls Möglichkeiten, die noch weiter ausgeschöpft werden könnten, zum Vorteil sowohl afrikanischer als auch europäischer Staaten. Ansätze finden sich in aktuellen Debatten, zuletzt im Prozess zum Globalen Pakt für eine sichere, geordnete und reguläre Migration der Vereinten Nationen (A/CONF.231/3), um Migrationspolitik kohärenter zu gestalten, was u. a. bedeutet, dass Migration und Entwicklung nur in Abstimmung mit angrenzenden Politikbereichen effektiv gestaltet werden können (Kipp 2018). In der Debatte sind hier v. a. auch partnerschaftliche Ansätze zwischen der EU, Deutschland und afrikanischen Staaten, die versuchen, die bestehenden Asymmetrien und Eurozentriertheit der Zusammenarbeit bewusst zu machen und zu überwinden. Die Interessenlage ist hier vielfach unterschiedlich. Während es der EU um ein Verhindern und Kontrollieren ungewollter, irregulärer Migration geht, sehen sich afrikanische Staaten vielmehr der Realität der ausgeprägten Binnenmigration und regionaler Mobilität gegenüber. Abgesehen davon, liegen Bedarfe der Zusammenarbeit auf afrikanischer Seite bei grundlegenden Themen wie wirtschaftliche Entwicklung, Gesundheit, Bildung und Infrastruktur. Für eine partnerschaftliche Zusammenarbeit müssen insofern Asymmetrien in faire Kompromisse aufgelöst werden. Dabei ist mit Akteuren vor Ort und auf allen Ebenen

[1] https://info.brot-fuer-die-welt.de/blog/kritik-eu-afrika-handelsabkommen-epas
[2] https://ec.europa.eu/europeaid/sites/devco/files/migration_en_0.pdf

in einen produktiven Austausch zu treten; insbesondere sind die transnationalen sozialen und wirtschaftlichen Beziehungen der Diaspora zu nutzen (Schultz 2020).

Neue Wege in der Kooperation

Bei aller Aufmerksamkeit, die den Folgen einer Politik der Externalisierung und Versicherheitlichung und einer Instrumentalisierung von Entwicklungskooperationen durch die europäische Seite zukommen muss, darf nicht vergessen werden, dass eine Politik, die Mobilität erlaubt, aber einen Exodus nicht fördert, auch einer umfassenden politischen, sozialen und wirtschaftlichen Erneuerung in afrikanischen Ländern selbst bedarf (Böckenförde und Braune 2018).

In stärker partnerschaftlichen Beziehungen zwischen Europa und Afrika wären vermehrt Möglichkeiten der regulären Migration auszuloten. Dazu würden prominent bi- und multilaterale Abkommen in ausgewählten Sektoren für temporäre und permanente Migration zählen, z. B. in den Sektoren Bau, Pflege und Landwirtschaft. Wichtig wäre auch, dass afrikanische Emigrationsstaaten von EU-Staaten für die Abwanderung von Fachkräften und Experten *(brain drain)* finanziell kompensiert werden würden. Dadurch würden die Investitionen der Herkunftsländer insbesondere bei der Ausbildung und dem Training von Hochqualifizierten gewürdigt.

Um die bestehenden Dilemmata konstruktiv anzugehen, legte der Sachverständigenrat deutscher Stiftungen für Integration und Migration (SVR) zudem 2020 einen Vorschlag für ein Visum auf Kaution vor. Dieser versucht die Interessen von Migranten sowie die ihrer Ziel- und ihrer Herkunftsländer zu berücksichtigen. Statt hohe Summen an Schleppernetzwerke zu zahlen, sollten Migranten unter bestimmten Voraussetzungen die Möglichkeit erhalten, bei einem europäischen Staat eine Art „Kaution" zu hinterlegen. Im Gegenzug können sie regulär einreisen und einen temporären Aufenthaltstitel zur Erwerbstätigkeit erhalten. Wenn sie anschließend fristgerecht ausreisen, wird die „Kaution" wieder ausbezahlt. Darüber hinaus kann nach einer Karenzzeit auch eine Wiedereinreise ermöglicht werden. Dies setze laut SVR ein funktionierendes Rückübernahmeabkommen mit den Herkunftsstaaten voraus. Das Modell könnte zahlenmäßig begrenzt und mit weiteren Auswahlkriterien verbunden werden. Beteiligt werden könnten zudem Arbeitgeber und Unternehmen auf europäischer Seite, um deren Fachkräftebedarfe anzusprechen. Die Rückkehrmigration in diesem Modell, so wird außerdem im Sinne einer Entwicklung des Herkunftslandes argumentiert, solle Prozesse zirkulärer Migration initiieren und ein Angebot für eine langfristige und nachhaltige Zusammenarbeit an afrikanische Staaten darstellen (SVR 2020, S. 104–108).

Insgesamt müssen sich neben einer differenzierten europäischen Politik auch die rechtsstaatlichen und wirtschaftlichen Bedingungen in afrikanischen Ländern ändern. Nur dann gäbe es eine realistische Chance, die einseitige Abriegelung von Grenzräumen, die kostspielig, aber im Sinne einer Migrationsregulation nicht effektiv ist, zu überwinden. Unter solchen Vorzeichen könnte Mobilität, auch über Grenzen hinweg, als ein Beitrag zu sozio-ökonomischen und politischen Entwicklungsprozessen auf beiden Seiten des Mittelmeers verstanden werden.

Auf diesem Hintergrund wird verständlich, dass auf dem Jahresgipfel der Afrikanischen Union (AU) im Jahre 2019 Afrika als „Kontinent der Migration“ als Schwerpunktthema auserkoren wurde. Damit wurde das afrikanische „Jahr der Flüchtlinge, Rückkehrer und Binnenvertriebenen“ eröffnet, das nicht nur Migration positiv besetzen und vermehrt in einen Entwicklungsrahmen stellen will, sondern darüber hinaus auch langfristige Ziele wie freie Mobilität innerhalb Afrikas – ähnlich der EU – anpeilt.

Flüchtlingspolitik: Humanitäre Hilfe und Entwicklung

Für Flüchtlinge im Speziellen wird gemeinhin von drei Lösungen gesprochen: Repatriierung, Neuansiedlung *(resettlement)* und lokale Integration in den Aufnahmestaaten (Kap. 6). Es gibt komplexe Mischformen, die etwa im sog. EU-Türkei-Deal zum Tragen kommen sollten bzw. könnten: Zurückweisung von aus der Türkei ohne gültige Papiere nach Griechenland kommenden Geflüchteten, dafür im Gegenzug die Umsiedlung von Geflüchteten aus der Türkei in europäischen Länder. Gerade aber die „Flüchtlingskrise“ 2015/2016 in der EU und auch der EU-Türkei-Deal deuten darauf hin, dass es derzeit weder supranationale noch internationale Regelungen für eine von vielen Seiten als fair wahrgenommene Lastenteilung von Geflüchteten gibt. Zu sehr ist etwa der EU-Türkei-Deal die bloße Fortsetzung einer europäischen Restriktionspolitik, die versucht, um die EU herum einen abriegelnden Staatengürtel, ein *cordon sanitaire,* einzurichten. Angesichts dieser Situation könnte der UN-Flüchtlingspakt (*Global Compact on Refugees*[3]) ein kleiner Schritt nach vorn sein. Er sieht vor, dass regelmäßige internationale Beratungen zu diesem Thema stattfinden und die am stärksten betroffenen Aufnahmestaaten schneller und einfacher Zugang zu finanzieller Hilfe von internationalen Institutionen wie der Weltbank erhalten. Zu sehr empfinden viele Regierungen bisher Geflüchtete als eine Bedrohung bzw. nutzen Geflüchtete als Mittel der Spaltung und Beherrschung des Wahlvolks. Manche der autoritär regierten Staaten Afrikas entwickeln sich dabei zu regelrechten „Migrationsprofiteuren“ (Koch et al. 2018).

[3]https://www.unhcr.org/gcr/GCR_English.pdf

In einer derartigen Gemengelage gilt es neue Wege zu beschreiten, die nicht nur auf Maßnahmen in Europa, sondern auch in den Herkunfts- und Transitregionen, zielen. Dies ist eine vordringliche Aufgabe, nicht zuletzt aufgrund der Tatsache, dass die meisten Geflüchteten entweder als Binnenvertriebene im eigenen Land verbleiben oder allenfalls in eines der Nachbarländer in der Region migrieren (Kap. 3). Zwei Beispiele für umfassende politische Maßnahmen, die aus der akademischen Forschung resultieren, sind die Politikempfehlung von Alexander Betts und Paul Collier mit dem Titel *Refuge* (2018) und der utopische Vorschlag *Refugia* (2020) von Robin Cohen und Nicholas Van Hear.

Wirtschaftliche Autonomie von Geflüchteten
Alexander Betts, ein Politikwissenschaftler und Paul Collier, ein Entwicklungsökonom, zielen mit ihrem Vorschlag darauf ab, Geflüchtete ökonomisch weitgehend autonom zu machen und sie vor allem in die Lage zu versetzen, ihre eigene wirtschaftliche Zukunft zu gestalten. Sie argumentieren, dass Flüchtlinge mehr als humanitärer Hilfe bedürfen, also mehr als Nahrung, Decken und Zelte. Betts und Collier gehen sogar so weit, zu argumentieren, dass Flüchtlinge dann ein Gewinn für die aufnehmenden Gesellschaften sein können, wenn ihnen von vornherein das Recht auf Arbeit und Bildung zugestanden wird. Auf lange Sicht gesehen können diese Flüchtlinge zum Wiederaufbau ihres Herkunftslandes beitragen, z. B. über finanzielle Rücküberweisungen und den Transfer von Wissen und Fertigkeiten. Betts und Collier stellen somit die durch entsprechende Politiken erhöhten Handlungsmöglichkeiten der Geflüchteten in den Vordergrund. Ein zentrales Element der staatlichen Maßnahmen sollten *Special Enterprise Zones* (SEZ) sein, die an den Grenzen der Ursprungsländer angesiedelt werden könnten *(Refuge)*. In Fabriken, die in solchen SEZ angesiedelt wären, könnten durch billige und vor allem willige Arbeitskräfte günstig Waren produziert werden. Betts und Collier denken als Standorte dabei vor allem an Länder, die an Syrien grenzen, also etwa Jordanien, die Türkei und den Libanon. Aber eine derartige Idee könnte auch auf entsprechende afrikanische Länder Anwendung finden.

Durch ihren Vorschlag versuchen die Autoren so an die europäischen Länder zu appellieren, die eine weitere Migration von Flüchtlingen nach Europa möglichst zu verhindern bzw. einzudämmen versuchen. Schließlich ist es bekannt, dass gerade die mangelnde humanitäre Hilfe und fehlende Zukunftsperspektiven in den Anrainerländern oft zu sekundärer Migration nach Europa führt; so nach Ansicht der Autoren im Falle Syriens im Jahr 2015. Die beiden Autoren verbinden diese Berücksichtigung restriktiver Tendenzen mit einem marktliberalen Ansatz, der auf Investitionen von Unternehmen in den Anrainerstaaten der Konfliktländer setzt. Betts und Collier gehen auch davon aus, dass Menschen – darunter Migranten und Flüchtlinge – die erfolgreichsten Agenten sozio-ökonomischer Entwicklung sind. In ihrem Vorschlag spielt die Differenzierung von (freiwilligen) Arbeitsmigranten und (unfreiwillig) Geflüchteten keine große Rolle. Man könnte sagen, dass Betts und Collier Advokaten einer bestimmten Ausprägung des Fluchtmanagements sind, indem sie die Lösungen von den Ankunftsländern zurück in die Herkunftsregionen verlagern. Gemäß ihrer Vorstellung sollen die europäischen Staaten dann vor allem die Situation in den außereuropäischen Regionen regulieren. Wichtig ist bei ihrem Vorschlag, die Länder in den Herkunftsregionen selbst und die Geflüchteten in die Lage zu versetzen, sich selbst zu helfen. Zu den Pionieren unter den Staaten, welche die ökonomische Selbstständigkeit von Geflüchteten anstreben, zählt Uganda (Kap. 5; Watera et al. 2017).

Betts und Collier propagieren ihre Lösungsansätze als Alternative zu politischen Entscheidungen wie die von Kanzlerin Angela Merkel, die für eine kurze Zeit im Sommer 2015 die Regeln des Schengen-Raums anwandte, was von den Autoren als Politik der „kopflosen Herzen" bezeichnet wird. Dadurch wäre ein *brain drain* aus Syrien und dessen Anrainerstaaten gestartet worden – von Gehirnen, die dringend für den Wiederaufbau des Landes benötigt worden wären. Letztlich ist der Vorschlag von Betts und Collier eine Art entwicklungspolitische Externalisierung der Fluchtprobleme, mit einem Fokus auf die Stärkung der ökonomischen Ressourcen von Flüchtlingen, nicht ihrer Rechten.

Politische Rechte für Geflüchtete in Lagern

Im Unterschied dazu vertreten Robin Cohen, ein Soziologe und Nicholas Van Hear, ein Sozialanthropologe, einen rechtebasierten Ansatz, um die Autonomie von Flüchtlingen zu steigern. Aber anstatt wie Betts und Collier auf die ökonomischen Politiken zu fokussieren, legen sie ihren Schwerpunkt auf politische Autonomie und Ermächtigung. Cohen und Van Hear imaginieren eine transnationale Polis für Geflüchtete, *Refugia.* Alle Mitglieder eines solchen de-territorialisierten Polis würden einen „Sesame"-Ausweis bzw. -Pass erhalten („Sesam öffne Dich!"). Ein solcher Pass würde nicht nur für Zwecke der Sicherheit und der Identifikation eingesetzt werden, sondern den Trägern auch grenzübergreifende Mobilität zwischen Flüchtlingslagern in verschiedenen Ländern erlauben. Zentral wäre auch, dass er den Geflüchteten Zugang zu Krediten und Ansprüchen erlauben würde. Insofern hat er Anklänge an den Nansen-Pass des Völkerbunds in der Zeit zwischen dem Ersten und Zweiten Weltkrieg. *Refugia* wäre über verschiedene Staaten verteilt, also kein Territorialstaat. Vielmehr wäre zwar ein gewisses Maß an Selbstverwaltung möglich, aber die Gesetze des jeweiligen Gaststaates seien anzuwenden. Nichtsdestotrotz wäre Selbstverwaltung auch in demokratischer Hinsicht ein Ziel, dem dadurch näherzukommen wäre, dass ein globales Parlament konstituiert wird. Dies ist ein Element, das es auch schon in bekannten Fällen von Diaspora wie der tamilischen gibt. Sicherlich wäre dieser hier nur sehr grob skizzierte Vorschlag utopisch zu nennen. Allerdings rufen die Zeiten, in denen die meisten Staaten Geflüchtete als ungebührliche Belastung empfinden, auch nach neuen Wegen.

Zukunftsweisende Vorschläge auf der Grundlage historischer Erfahrungen
Die beiden Politikvorschläge gehören sicherlich zu den unkonventionelleren in der Debatte um Flucht und Migration in Europa seit 2015. Der ressourcenbasierte Ansatz von Betts und Collier basiert auf marktliberalen Prämissen, dass nämlich Profitinteresse der Unternehmen und Arbeit an sich – wie auch immer reguliert oder auch nicht – die Autonomie der Akteure steigert. Es ist eine recht technokratische Perspektive, die dem *social engineering* anhängt und davon ausgeht, dass Sozialwissenschaftler und Bürokraten die richtigen Entscheidungen für Flüchtlinge treffen können. Demgegenüber nimmt der Politikvorschlag von Cohen und Van Hear Geflüchtete jenseits des ökonomischen Feldes ernst. Die beiden Autoren beobachten, dass Staaten im globalen Süden wie im globalen Norden kaum Interesse an einer langfristigen Lösung haben. Sie schlagen daher entlang der Perspektive der transnationalen Migrationsforschung vor, eine transnationale Polis durch Migranten selbst zu schaffen, in der diese Entscheidungen für sich selbst treffen können. Dieser Vorschlag greift wieder auf Mobilität als eine Ressource zurück, auch für Geflüchtete.

Zukunftsweisend bei beiden Vorschlägen ist die auf die historische Migrationsforschung zurückgehende Erkenntnis, dass es sinnvoll sein kann, Fluchtgeschehen nicht nur als humanitäres Problem, sondern auch als Aufgabe und Chance für Entwicklungsprozesse zu begreifen. Das gegenwärtige Flüchtlingsregime, das in der Genfer Konvention (1951) und dem zugehörigen Protokoll (1967) und institutionell im UNHCR Niederschlag gefunden hat, zielt vorwiegend auf humanitäre Hilfe ab. Dabei kontrastiert es mit dem Flüchtlingsregime nach dem Ersten Weltkrieg, bei dem der Völkerbund die Internationale Arbeitsorganisation in Genf (ILO) mit der operativen Arbeit beauftragt hatte (Long 2013). Die ILO betrachtete es als ihre Hauptaufgabe, Flüchtlinge im Gefolge des Ersten Weltkriegs und der Russischen Revolution an- und umzusiedeln und ihre wirtschaftliche Grundlage durch Beschäftigung bzw. Selbständigkeit zu fördern. In gewisser Weise greifen sowohl Betts und Collier als auch Cohen und Van Hear auf den Grundgedanken des Flüchtlingsregimes in der Zwischenkriegszeit des 20. Jahrhunderts zurück und erweitern somit die Ziele des gegenwärtigen Regimes, das auf dringend notwendige, kurzfristige humanitäre Hilfe abzielt. Obwohl die Autorenpaare unterschiedlicher Meinung sind, was die Grundlagen längerfristiger Hilfe sind

– materielle Ressourcen im ersten Fall und Mobilitäts- und Menschenrechte im zweiten Fall – so begreifen sie doch Fluchtbewegungen als eine Aufgabe für längerfristige Entwicklung.

Keiner der beiden Politikvorschläge wird in der Öffentlichkeit der europäischen Staaten noch Afrikas (breit) diskutiert. Dennoch bestehen Möglichkeiten, derartige Überlegungen in die Öffentlichkeit zu tragen. Schließlich erklärte selbst der Präsident des Europäischen Rates, Donald Tusk: *„Today everything is migration."* (2015, zitiert in de Genova 2017, S. 1). Um überhaupt eine Chance auf Gehör zu finden, müssen derartige Vorschläge sicherlich Resonanz erzeugen, was nur dann gelingen kann, wenn sie an vorhandene Konzepte anschließen. Ganz unmöglich ist das nicht, wie etwa die Karriere des Begriffs Transnationalismus anbelangt. Dieses in den 1990er Jahren auf Migration angewandte Konzept wird von Politikern in Spanien und Frankreich inzwischen durchaus genutzt, um Entwicklungskooperation unter Einbezug von Migrantenorganisationen zu generieren (Lacomba und Cloquell 2014). Dadurch überbrücken Sozialwissenschaftler selbst „strukturelle Löcher" (Burt 1992), verbinden also die Sphären der Politik, der Zivilgesellschaft und der Forschung, die alle drei nach sehr unterschiedlichen Rationalitäten operieren. Die Sozialwissenschaftler handeln dabei als Experten, aber teilweise auch als Advokaten, etwa für die Regierung bzw. die Geflüchteten oder gar als öffentliche Intellektuelle. Der Einfluss solcher Vorschläge ist in der Regel eher indirekt, indem das Denken in bestimmte Richtungen gelenkt wird. Indirekte Wirkungen wiederum sind solche, die zwar nicht im Sinne eines *social engineering* genau angeben, welche Schritte unternommen werden sollten. Wohl aber bilden sie über Begrifflichkeiten ein Gerüst, das realweltlichen Gegebenheiten Sinn und Bedeutung verleihen kann und die Richtung für Lösungsvorschläge vorgibt.

Literatur

Adaku, Alex, James Okello, Blakeley Lowry, Jeremy C. Kane, Stephen Alderman, Seggane Musisi, Wietse A. Tol. 2016. Mental health and psychosocial support for South Sudanese refugees in northern Uganda. A needs and resource assessment. *Conflict and Health* 10, 1: 18.

Adam, Ilke, Florin Trauner, Leonie Jegen, Christof Roos. 2019. West African interests in (EU) migration policy. *Policy Brief*. United Nations University.

Adams, Walter, Hrsg. 1968. *The Brain Drain.* New York: Macmillan.

Addaney, Michael. 2017. A step forward in the legal protection of urban refugees: The legal protection of the rights of urban refugees in Uganda. *African Human Rights Law Journal* 17, 1: 218–243.

Adepoju, Aderanti. 2005. *Migration in West Africa.* New York: Global Commission on International Migration (GCIM).

African Development Bank (AfDB). *African Economic Outlook 2019: Macroeconomic performance and prospects. Jobs, growth, and firm dynamism. Integration for Africa's economic prosperity.* Abidjan: AfDB.

African Development Bank (AfDB). *African Economic Outlook 2020: Africa's workforce for the future*. Abidjan: AfDB.

Agunias, Dovelyn R. und Kathleen Newland. 2012. *Developing a Road Map for Engaging Diasporas in Development: A Handbook for Policymakers and Practitioners in Home and Host Countries.* Genf: International Organization for Migration (IOM) und Washington, D.C.: Migration Policy Institute.

Ahimbisibwe, Frank. 2018. *Uganda and the Refugee Problem: Challenges and Opportunities.* Antwerpen: IOB Institute of Development and Management.

Ahimbisibwe, Frank. 2017. *Rwandan Refugee Rights in Uganda: Between Law and Practice – Views from Below.* Antwerpen: IOB Institute of Development and Management.

Ahmed, Ishtiaq. 1997. Exit, Voice and Citizenship. In Tomas Hammar, Grete Brochmann, Kristof Tamas, Thomas Faist (eds.). *International Migration, Immobility and Development. Multidisciplinary Perspectives.* Oxford: Berg. S. 159–186.

T. Faist et al., *Mobilität statt Exodus*,
https://doi.org/10.1007/978-3-658-33351-5

Aksakal, Mustafa. 2020. Warum verlassen Menschen ihre Lebensorte? Ein Überblick über Ansätze zur Erklärung der Initiierung von Wanderung. In) *Soziologie der Migration. Eine systematische Einführung*, Hrsg. Thomas Faist, 97–124. Berlin: De Gruyter & Oldenbourg.

Alba, Richard D. und Victor Nee. 2005. *Remaking the American Mainstream: Assimilation and Contemporary Immigration.* Cambridge: Harvard University Press.

Alscher, Stefan. 2012. „Das Klopfen an den Toren Europas": Undokumentierte Migration und Grenzkontrollpolitik in Südspanien (1991–2008) Dissertationsschrift, Universität Bielefeld.

Amnesty International (2017a) *Libya's Dark Web of Collusion: Abuses Against Europe-Bound Refugees and Migrants.* London: Amnesty International.

Amnesty International (2017b) *Der Khartoum-Prozess: Externalisierung der Flüchtlingspolitik.* O. O., Amnesty International.

Amnesty International (2017c) *Nigeria 2017.* https://www.amnesty.de/jahresbericht/2017/nigeria#section-24686.

Amnesty International (2017d) *"Help Has not Reached Me Here": Donors Must Step Up Support for South Sudanese Refugees in Uganda.* London: Amnesty International.

Amnesty International (2013) *Bad Information: Oil Spill Investigations in the Niger Delta.* London: Amnesty International Publications.

Angenendt, Steffen, Nadine Biehler, Raphael Bossong, David Kipp, Anne Koch. 2020 *The New EU Migration and Asylum Package: Breakthrough or Admission of Defeat?* SWP Comment 2020/C 46, October 2020. https://doi.org/10.18449/2020c46.

Antil, Alain Christophe Bertossi, Victor Magnani, Matthieu Tardis. 2016. Migrations: logiques africaines. DOSSIER Migrations en Afrique : un regard neuf. *Politique étrangère* 1: 11–23.

Appiah, Kwame Anthony. 2006. *Cosmopolitanism: Ethics in a World of Strangers.* New York: Norton.

Ayalew Mengiste, Tekalign. 2018. Refugee Protections from Below. Smuggling in the Eritrea-Ethiopia Context. *The ANNALS of the American Academy of Political and Social Science.* 676, 1: 57–76.

BBC (2017) *Kenyan closure of Dadaab refugee camp blocked by high court.* http://www.bbc.com/news/world-africa-38917681.

Bakewell, Oliver. 2014. Encampment and Self-Settlement. In *Handbook of Refugee and Forced Migration Studies*, Hrsg. Elena Fiddian-Qasmiyeh, Gil Loescher, Kati Long, Nando Sigona, 127–138. Oxford: Oxford University.

Ballo, Moise. 2009. *Migration au Mali.* Profile National. Genf: International Organization for Migration (IOM).

BAMF (Bundesamt für Migration und Flüchtlinge. 2020. Migrationsbericht der Bundesregierung. Migrationsbericht 2019. https://www.bamf.de/SharedDocs/Anlagen/DE/Forschung/Migrationsberichte/migrationsbericht-2019.html.

Barnett, Michael. 2014. Refugees and Humanitarianism. In *The Oxford Handbook of Refugee and Forced Migration Studies,* Hrsg. Elena Fiddian-Qasmiyeh, Gil Loescher, Kati Long, Nando Sigona, 241–252. Oxford: Oxford University Press.

Barrios, Salvador, Luisito Bertinelli, Eric Strobl. 2006. Climatic change and rural-urban migration: The case of sub-Saharan Africa. *Journal of Urban Economics* 60: 357–371.

Bartels, Inken. 2020. Abschiebung global. *PERIPHERIE – Politik – Ökonomie – Kultur* 39, 3-2019: 343–368.

Benton, Adia und Zulu Shabazz. 2009. "Find their Level". African American Roots Tourism in Sierra Leone and Ghana. *Cahiers d'Études africaines XLIX* (1–2), 193–194: 477–511.

Berriane, Johara. 2018. The Moroccan Moment and Communities of Itinerants: Mobility and Belonging in the Transnational Trajectories of Sub-Saharan Migrants. In *Forging African Communities: Mobility, Integration and Belonging,* Hrsg. Oliver Bakewell und Loren B. Landau, 79–101. London: Palgrave Macmillan.

Betts, Alexander. 2013. *Survival Migration: Failed Governance and the Crisis of Displacement.* Ithaca, NY: Cornell University Press.

Betts, Alexander und Paul Collier. 2018 *Refuge: Transforming a Broken Refugee System.* London: Penguin.

Bilecen, Başak und Thomas Faist. 2015. International doctoral students as knowledge brokers: reciprocity, trust and solidarity in transnational networks, *Global Networks* 15: 217–235.

Binaisa, Naluwembe. 2018. 'We are all Ugandans': In Search of Belonging in Kampala's Urban Space. In *Forging African Communities: Mobility, Integration and Belonging,* Hrsg. Oliver Bakewell und Loren B. Landau, 203–226. London: Palgrave Macmillan.

Black, Richard und Russell King. 2004. Editorial introduction. Migration, return and development in West Africa. *Population, Space and Place* 10, 2: 75–83.

Bloch, Alice. 2010. The Right to Rights? Undocumented Migrants from Zimbabwe Living in South Africa. *Sociology* 44(2): 233–250.

Böckenförde, Markus und Elisabeth Braune. Hrsg. 2018. *Prospective Migration Policy – Scenario Building on Relations Between West Africa and Europe.* Global Dialogues 15. Duisburg: Käte Hamburger Kolleg/ Centre for Global Cooperation Research (KHK/GCR21).

Boyer, Florence. 2017. West Africa: Lasting and Fragile Complementarities between Agriculture and Migration. In *Rural Africa in motion: Dynamics and drivers of migration South of the Sahara,* Hrsg. Sarah Mercandalli, Bruno Losch, 30-1. Rom: FAO/CIRAD, 30-1.

Brachet, Julien. 2018. Manufacturing Smugglers: From Irregular to Clandestine Mobility in the Sahara. *The ANNALS of the American Academy of Political and Social Science* 676, 1: 16–35.

Brankamp, Hanno. 2018. TedX comes to the refugee camp (aka Think Your Way out of Oppression!). *Netzwerk Fluchtforschung,* https://fluechtlingsforschung.net/tedx-comes-to-the-refugee-camp-aka-think-your-way-out-of-oppression/.

Braunsdorf, Felix. Hrsg. 2016. *Über europäische Politik und ihren Zusammenhang mit Migration und Flucht.* Berlin: Friedrich-Ebert-Stiftung.

Bredeloup, Sylvie. 1995. Tableau Synoptique. Expulsions des ressortissants ouest-africaines au sein du continent africain. *Mondes en Developpement* 23. http://horizon.documentation.ird.fr/exl-doc/pleins_textes/divers17-08/010009204.pdf.

Bredeloup, Sylvie. 2013. The figure of the adventurer as an African migrant. *Journal of African Cultural Studies* 25, 2: 170–182.

Bredeloup, Sylvie. 2017. The Migratory Adventure as a Moral Experience. In *Hope and Uncertainty in Contemporary African Migration,* Hrsg. Nauja Kleist und Dorte Thorsen, 134–153. New York: Routledge: 134–153.

Brubaker, Rogers. 2005. The "Diaspora" Diaspora. *Ethnic and Racial Studies* 28, 1: 1–19.

Bukasa, Peter Kankonde. 2018. Tactical Creolization and the Production of Belonging in Migrant Pentecostal Churches in Post-Apartheid South Africa. In *Forging African Communities: Mobility, Integration and Belonging,* Hrsg. Oliver Bakewell und Loren B. Landau, 129–155. London: Palgrave Macmillan: 129–155.

BMZ (Bundesministerium für Wirtschaftliche Zusammenarbeit und Entwicklung. 2017. Afrika und Europa – Neue Partnerschaft für Entwicklung, Frieden und Zukunft. Eckpunkte für einen Marshallplan mit Afrika. Bonn: Bundesministerium für Wirtschaftliche Zusammenarbeit und Entwicklung. https://www.bmz.de/de/mediathek/publikationen/reihen/infobroschueren_flyer/infobroschueren/Materialie310_Afrika_Marshallplan.pdf.

Camara, Bakary, Bakary Faboura Traoré, Brema Élie Dicko, Moro Sidibé. 2011. *Migration et tensions sociales dans le sud du Mali.* Rapports de recherche du CODESRIA, 9, Dakar. Leiden: CODESRIA.

Candela, Davide. 2012. Famille, capital social et réintégration socio-professionnelle des migrants de retour au Mali. CRIS Analytical Note, 3, European University Institute, Robert Schuman Centre for Advanced Studies.

Carbone, Giovanni. 2017. *Out of Africa: why people migrate.* Milano: Ledizioni Ledi Publishing.

Cassarino, Jean-Pierre. 2014. Reintegration and Development. CRIS Analytical Study, European University Institute, Robert Schuman Centre for Advanced Studies.

Cassarino, Jean-Pierre. 2016. Return Migration and Development. The significance of migration cycles. In *The Routledge Handbook of Immigration and Refugee Studies,* Hrsg. Anna Triandafyllidou, 216–222. Abingdon, New York: Routledge.

Cassarino, Jean-Pierre und Mariagiulia Guiffré. 2017. Finding its Place in Africa: Why the EU opted for flexible arrangements on readmission? FMU Policy Brief Nr. 01/2017 (1. Dezember 2017). http://www.nottingham.ac.uk/hrlc/documents/pb-1-finding-its-place-in-africa.pdf.

Chatzky, Andrew und James McBride. 2020. Backgrounder: China's Massive Belt and Road Initiative. New York: Council on Foreign Relations. https://www.cfr.org/backgrounder/chinas-massive-belt-and-road-initiative.

Clayton, Jonathan. 2018. Grandi praises Uganda's 'model' treatment of refugees, urges regional leaders to make peace. https://www.unhcr.org/news/latest/2018/1/5a716d994/grandi-praises-ugandas-model-treatment-refugees-urges-regional-leaders.html.

Clemens, Michael A. 2014. Does Development Reduce Migration? In *International Handbook on Migration and Economic Development*, Hrsg. Robert E.B. Lucas, 152–185. Cheltenham, UK: Edward Elgar.

Cohen, Robin und Nicholas van Hear. 2017. Refugia. Radical Solutions to Mass Displacement. London: Routledge.

Collier, Paul. 2014. *Exodus. Warum wir Einwanderung neu regeln müssen.* München: Siedler Verlag.

Collier, Paul und Anke Hoeffler. 2004. Greed and Grievance in Civil War. *Oxford Economic Papers* 56, 4: 563–595.

Collyer, Michael. 2007. In-Between Places: Trans-Saharan Transit Migrants in Morocco and the Fragmented. Journey to Europe. *Antipode* 39, 4: 668–690.

Collyer, Michael. 2018. Paying to Go: Deportability as Development. In *After Deportation. Ethnographic Perspectives,* Hrsg. Shahram Khosravi, 105–125. Basingstoke, UK: Palgrave Macmillan.

Commander Simon, Mari Kangasniemi, L. Alan Winters. 2004. The brain drain: a review of theory and facts. *Brussels Economic Review – Cahiers Economiques de Bruxelles* 47, 1: 29–44.

Crawley, Heaven, Franck Düvell, Katharine Jones, Simon McMahon, Nando Sigona. 2018. *Unravelling Europe's 'Migration Crisis': Journeys Over Land and Sea.* Bristol: Policy Press.

Crisp, Jeff. 2006. Forced displacement in Africa: dimensions, difficulties and policy directions. *New Directions in Refugee Research.* Research Paper 126. Genf: UNHCR.

Crush, Jonathan und Daniel Tevara. 2010. Exiting Zimbabwe. In *Zimbabwe's Exodus: Crisis, Migration, Survival,* Hrsg. Jonathan Crush und Daniel Tevara, 1–49.Cape Town/Ottawa: Southern African Migration Programme/International Development Research Centre.

Crush, Jonathan und Chikanda Chikanda. 2014. Forced Migration in Southern Africa. In *The Oxford Handbook of Refugee and Forced Migration Studies,* Hrsg. Elena Fiddian-Qasmiyeh, Gil Loescher, Kati Long, Nando Sigona, 554–570. Oxford: Oxford University Press.

Crush, Jonathan, Abel Chikanda und Godfrey Tawodzera. 2012. *The Third Wave: Mixed Migration from Zimbabwe to South Africa.* Waterloo, Southern African Migration Programme.

De Bruijn, Mirjam, Rijkj van Dijk, Dick Foeken. Hrsg. 2001. *Mobile Africa. Changing Patterns and Movements in Africa and Beyond.* Leiden: Brill.

De Genova, Nicholas, Hrsg. 2017. *The Borders of 'Europe': Autonomy of Migration, Tactics of Bordering.* Durham, NC: Duke University Press.

De Haas, Hein. 2007. *The myth of invasion. Irregular migration from West Africa to the Maghreb and the European Union.* Oxford: International Migration Institute (IMI), University of Oxford.

De Wenden, Cathérine Wihtol. 2018 *Atlas des migrations. Un équilibre mondial à inventer.* Nouvelle edition. Paris: outrement.

Dindabo, Mulugeta F., Michael N. Belebema, Clement Mensah. 2017b. South Africa: Territorial Imbalances but Growing Rural-Urban Linkages. In *Rural Africa in motion : Dynamics and drivers of migration South of the Sahara,* Hrsg. Sarah Mercandalli und Bruno Losch, 36f. Rom: FAO/CIRAD.

Dougnon, Isaie. 2013. Migration as Coping with Risk and State Barriers: Malian Migrants Conceptions of Being Far from Home. In *African Migrations: Patterns and Perspectives,* Hrsg. Abdoulaye Kane und Todd H. Leedy, 35–58. Bloomington: Indiana University Press.

Drumtra, Jeff. 2003. West Africa's Refugee Crisis Spills Across Many Borders. *Migration Information Source,* August 1. https://www.migrationpolicy.org/article/west-africas-refugee-crisis-spills-across-many-borders.

Dünnwald, Stephan. 2013. Mauretanien: Europas erste Außengrenze. In *Im Schatten der Zitadelle: Der Einfluss des europäischen Migrationsregimes auf "Drittstaaten",* Hrsg. Brot für die Welt – Evangelischer Entwicklungsdienst, medico international, Stiftung PRO ASYL/ Förderverein PRO ASYL, 30–35. Berlin/Frankfurt am Main.

Dünnwald, Stephan. 2017. Bamako, Outpost of the European Border Regime? In *EurAfrican Borders and Migration Management. Political Cultures, Contested Spaces, and Ordinary Lives,* Hrsg. Paolo Gaibazzi, Alice Bellagamba, Stephan Dünnwald, 83–107. New York: Palgrave Macmillan.

Edström, Jerker, Chris Dolan (2018) Breaking the Spell of Silence: Collective Healing as Activism amongst Refugee Male Survivors of Sexual Violence in Uganda. *Journal of Refugee Studies* 32(2): 175–196.

Ellis F. 2007. Household strategies and rural livelihood diversification. *Journal of Development Studies* 35(1):1–38.

Engler, Marcus. 2017. *Libyen – ein schwieriger Partner der europäischen Migrationspolitik.* Kurzdossier „Zuwanderung, Flucht und Asyl: Aktuelle Themen", focus MIGRATION, Institut für Migrationsforschung und Interkulturelle Studien (IMIS), Universität Osnabrück und Bundeszentrale für Politische Bildung (BPB), 28.6.2017, http://www.bpb.de/gesellschaft/migration/kurzdossiers/250481/libyen.

European Council on Refugees and Exiles (ECRE). 2018. *Algeria: mass deportations of African migrants.* News. 30th March. https://www.ecre.org/algeria-mass-deportations-of-african-migrants/.

Eurostat. 2017. *File: Countries of origin of (non-EU) asylum seekers in the EU-28 member states, 2015 and 2016 (thousands of first time applicants)* YB17-de.png. http://ec.europa.eu/eurostat/statistics-explained/index.php /File:Countries _of_origin _of_(non-EU)_asylum_seekers_in_the_EU-28_Member_States, _2015_and_ 2016_ (thousands_of_first_time_applicants)_YB17-de.png.

Faist, Thomas. 2000a. *The Volume and Dynamics of International Migration and Transnational Social Spaces.* Oxford: Clarendon Press of Oxford University Press.

Faist, Thomas. 2000b. *Transstaatliche Räume. Politik, Wirtschaft und Kultur in und zwischen Deutschland und der Türkei.* Bielefeld: transcript.

Faist, Thomas. 2007. Transnationale Migration als relative Immobilität in einer globalisierten Welt. *Berliner Journal für Soziologie* 17, 3: 415–437.

Faist, Thomas. 2008. Migrants as Transnational Development Agents: An Inquiry into the Newest Round of the Migration-Development Nexus. *Population, Space and Place* 14, 1: 21–42.

Faist, Thomas. 2018a. The Socio-Natural Question: How Climate Change Adds to Social Inequalities. *Journal of Intercultural Studies* 39, 2: 195–206.

Faist, Thomas. 2018b. The Moral Polity of Forced Migration. *Ethnic and Racial Studies* 41, 3: 412–423.

Faist, Thomas. 2019. *The Transnationalized Social Question: Migration and the Politics of Social Inequalities in the Twenty-First Century.* Oxford: Oxford University Press.

Faist, Thomas, Margit Fauser, und Eveline Reisenauer. 2014. *Das Transnationale in der Migration.* Weinheim: Beltz Juventa.

Feldman, Gregory. 2012. *The Migration Apparatus. Security, Labour, and Policymaking in the European Union.* Stanford: Standford University Press.

Feltes, Tilmann, Saul Musker, Philine Scholz. 2018. Regional Governance of Migration in the Southern African Development Community: Migration Regimes and Their Implications for the Experience of Refugees and Migrants in South Africa. In *Refugees and Migrants in Law and Policy Challenges and Opportunities for Global Civic Education,* Hrsg. Helmut Helmut und Sławomir Redo, 555–576. Cham: International Publishing AG.

Flahaux, Marie Laurence und Hein de Haas. 2016 African migration: trends, patterns, drivers. *Comparative Migration Studies* 4, 1: 1–25.

Frelick, Bill, Ian M. Kysel und Jennifer Podkul. 2016. The Impact of Externalization of Migration Controls on the Rights of Asylum Seekers and Other Migrants. *Journal on Migration and Human Security* 4,4: 190–220.

Fresia, Marion. 2014. Forced Migration in West Africa. In *The Oxford Handbook of Refugee and Forced Migration Studies,* Hrsg. Elena Fiddian-Qasmiyeh, Gil Loescher, Kati Long, Nando Sigona, 541–553. Oxford et al.: Oxford University Press.

Furnivall, John S. 1948. *Colonial Policy and Practice: A Comparative Study of Burma and Netherlands India.* Cambridge: Cambridge University Press.

Galtung, Johan. 1969. Violence, Peace and Peace Research. *Journal of Peace Research* 6, 2: 167–91.

Gammeltoft-Hansen, Thomas und Ninna Nyberg Sorensen. Hrsg. 2013. *The Migration Industry and the Commercialization of International Migration.* London: Routledge.

Gary-Tounkara, Daouda. 2015. A Reappraisal of the Expulsion of Illegal Immigrants from Nigeria in 1983. *International Journal of Conflict and Violence* 9, 1: 25–38.

Galvin, Treasa M. 2014. 'We Deport Them but They Keep Coming Back': The Normalcy of Deportation in the Daily Life of 'Undocumented' Zimbabwean Migrant Workers in Botswana. *Journal of Ethnic and Migration Studies* 41,4: 617–634.

Gamlen, Alan. 2008. The Emigration State and the Modern Geopolitical Imagination. *Political Geography* 27, 8: 840–856.

Gehring, Tobias. 2020. Eine Vielzahl an Geschichten: Fluchtmigration in Afrika. In *Soziologie der Migration. Eine systematische Einfühung,* Hrsg. Thomas Faist, 377–397. Berlin: De Gruyter & Oldenburg.

Gehring, Tobias. 2016. *Acculturation in a Transcultural World.* Working Paper 138. Bielefeld: Center on Migration, Citizenship and Development (COMCAD). Bielefeld University.

Gerard, Alison und Sharon Pickering. 2014. Gender, Securitization, and Transit: Refugee Women and the Journey to the EU. *Journal of Refugee Studies* 27, 3: 338–359.

Geschiere, Peter. 2009. *The Perils of Belonging: Autochthony, Citizenship, and Exclusion in Africa and Europe.* Chicago: University of Chicago Press.

Giese, Karsten und Laurence Marfaing. Hrsg. 2016. *Entrepreneurs Africains et Chinois. Les impacts sociaux d'une rencontre particulière.* Paris: Karthala.

Girard, Pierre und Anthony Chapoto. 2017. Zambia: Internal Migration at the Core of Territorial Dynamics. In *Rural Africa in motion: Dynamics and drivers of migration South of the Sahara,* Hrsg. Sarah Mercandalli und Bruno Losch, 34f. Rom: FAO/CIRAD.

Gordon, Steven. 2018. "The Friends of Our Friends Are Our Friends": Determinants of Hosts' Contacts with International Migrants in Post-Apartheid South Africa. In *Forging African Communities. Mobility, Integration and Belonging,* Hrsg. Oliver Bakewell and Loren B. Landau, 229–253. London: Palgrave Macmillan.

Gordon, Steven. 2015. Xenophobia across the class divide: South African attitudes towards foreigners 2003–2012. *Journal of Contemporary African Studies* 33, 4: 494–509.

Grote, Janne. 2017. *Family Reunification of third-country nationals in Germany.* Focus-Study by the German National Contact Point for the European Migration Network (EMN). Working Paper 73. Nürnberg: Federal Office for Migration and Refugees.

Hagen-Zanker, Jessica. 2017. *Can international frameworks or compacts reduce onward migration?* AMMODI, https://ammodi.com/2017/12/11/can-international-frameworks-or-compacts-reduce-onward-migration/.

Hall, Jonathan. 2015. Diasporas and Civil War. In *War. An Introduction to Theories and Research on Collective Violence. 2nd Edition,* Hrsg. Tor G. Jakobsen. New York: Nova Science Publishers.

Hammond, Laura. 2014. 'Voluntary' Repatriation and Reintegration. In *The Oxford Handbook of Refugee and Forced Migration Studies*, Hrsg. Elena Fiddian-Qasmiyeh, Gil Loescher, Kati Long und Nando Sigona, 499–511. Oxford et al.: Oxford University Press.

Hanifa, Sari. 2014. Forced Migration in the Middle East and North Africa. In *The Oxford Handbook of Refugee and Forced Migration Studies*, Hrsg. Elena Fiddian-Qasmiyeh, Gil Loescher, Kati Long, Nando Sigona, 585–599. Oxford et al.: Oxford University Press.

Hathat, Zine-Eddine und Rainer Wehrhahn, Rainer. 2017. Migration zwischen Subsahara-Afrika und Europa: Neue Perspektiven auf Transitmigration und Transiträume. In *Translokalität und lokale Raumproduktionen in transnationaler Perspektive,* Hrsg. Alexander Tölle und Rainer Wehrhahn, 63–77. Berlin: Logos.

Héran, Francois. 2018. *Migrations et societies.* Paris: Fayard & Collège de France.

Hernandez-Carretero, Maria. 2017. Hope and Uncertainty in Senegalese Migration to Spain. Taking Chances on Emigration but not Upon Return. In *Hope and Uncertainty in Contemporary African Migration*, Hrsg. Nauja Kleist und Dorte Thorsen, 113–133. New York: Routledge.

Hertrich, Véronique und Marie Lesclingand. 2013. Adolescent Migration in Rural Africa as a Challenge to Gender and Intergenerational Relationships: Evidence from Mali. *The Annals of the American Academy of Political and Social Science* 648, 1: 175–188.

Horst Cindy, Marta Bivand Erdal Jörgen Carling, Karin FathimathAfeef. 2014. Private money, public scrutiny? Contrasting perspectives on remittances. *Global Networks* 14, 4:514–32.

Hovil, Lucy. 2014. Local Integration. In *The Oxford Handbook of Refugee and Forced Migration Studies*, Hrsg. Elena Fiddian-Qasmiyeh, Gil Loescher, Kati Long, Nando Sigona, 488–498. Oxford: Oxford University Press.

Hovil, Lucy. 2018 *Uganda's refugee policies: The history, the politics, the way forward.* O. O.: International Refugee Rights Initiative.

Human Rights Watch. 2003. The Horn of Africa: Mass Expulsions and the Nationality Issue (June 1998 – April 2002),15 (3). https://www.hrw.org/sites/default/files/reports/ethioerit 0103.pdf.

Hummel, Diana. 2014 *Klimawandel, Umweltveränderungen und Migration im Sahel: Sozial-ökologische Bedingungen von Bevölkerungsbewegungen am Beispiel der Sahelländer Mali und Senegal (micle).* Abschlussbericht. Frankfurt a. M.: ISOE – Institut für sozial-ökologische Forschung.

Hüsken, Thomas und Georg Klute. 2015. Political Orders in the Making: Emerging Forms of Political Organization from Libya to Northern Mali. *African Security* 8,4: 320–337.

Huntington, Samuel. 2003. *Who Are We? The Challenges to America's National Identity.* New York: Simon & Schuster.

Ilcan, Suzan, Marcia Oliver, Laura Connoy. 2015. *Humanitarian Assistance and the Politics of Self-Reliance. Uganda's Nakivale Refugee Settlement.* Waterloo: Centre for International Governance Innovation.

Internal Displacement Monitoring Centre. 2017. *Nigeria.* Genf: Internal Displacement Monitoring Centre.

Iqbal, Zaryab und Christopher Zorn. 2009. Civil War and Refugees in Post-Cold War Africa. *Civil Wars* 9, 2: 200–213.

Itzigsohn, José und Daniela Villacrés. 2008. Migrant Political Transnationalism and the Practice of Democracy: Dominican External Voting Rights and Salvadoran Hometown Associations. *Ethnic and Racial Studies* 31, 4: 664–686.

Jakob, Christian und Simone Schlindwein. 2017. *Diktatoren als Türsteher Europas: Wie die EU ihre Grenzen nach Afrika verlagert*. Berlin: Ch. Links Verlag GmbH.

Jansen, Bram J. 2017. *The camp beyond the city: Kakuma and the development of a camp ecology*. AMMODI, https://ammodi.com/2017/12/14/the-camp-beyond-the-city-kakuma-and-the-development-of-a-camp-ecology/.

Jöns, Heike. 2009. ‚Brain circulation' and transnational knowledge networks: studying long-term effects of academic mobility to Germany, 1954–2000. *Global Networks* 9, 3: 315–338.

Jung, Anne. 2018. In *‚Fluchtursache' Afrika. Analysen, Reportagen, Interviews*, Hrsg. Reinhard Brockmann, 198–209. Münster: Aschendorff-Verlag.

Kälin, Walter. 2014. Internal Displacement. In *The Oxford Handbook of Refugee and Forced Migration Studies*, Hrsg. Elena Fiddian-Qasmiyeh, Gil Loescher, Katy Long, Nando Sigona, 163–176. Oxford: Oxford University Press.

Keane, John. 2003. *Global Civil Society*. Cambridge: Cambridge University Press.

Kersting, Norbert. 2009. New Nationalism and xenophobia in Africa – a New Inclination? *Africa Spectrum* 44, 1: 7–18.

Kibreab, Gaim. 2014. Forced Migration in the Great Lakes and Horn of Africa. In *The Oxford Handbook of Refugee and Forced Migration Studies*, Hrsg. Elena Fiddian-Qasmiyeh, Gil Loescher, Kati Long, Nando Sigona, 571–584. Oxford: Oxford University Press.

Kipp, David und Anne Koch. 2018. Einleitung. In *Migrationsprofiteure? Autoritäre Staaten in Afrika und das europäische Migrationsmanagement*, Hrsg. Anne Koch, Annette Weber, Isabelle Werenfels, 9–22. SWP-Studie 3. Berlin: Stiftung Wissenschaft und Politik, Deutsches Institut für Internationale Politik und Sicherheit.

Kleist, Nauja. 2017. Returning with Nothing but an Empty bag. Topographies of Social Hope after Deportation in Ghana. In *Hope and Uncertainty in Contemporary African Migration*, Hrsg. Nauja Kleist und Dorte Thorsen, 173–192. New York: Routledge.

Kipp, David. 2018. *Vom Notfall zum Regelfall – der EU-Treuhandfonds für Afrika*. SWP-Studie 2018/S 21, Oktober 2018, 32 Seiten.

Koch, Anne, Annette Weber, Isabelle Werenfels. Hrsg. 2018. *Migrationsprofiteure? Autoritäre Staaten in Afrika und das europäische Migrationsmanagement*. SWP-Studie 3. Berlin: Stiftung Wissenschaft und Politik, Deutsches Institut für Internationale Politik und Sicherheit.

Koinova, Maria. 2010. Diasporas and International Politics: Utilizing the Universalistic Creed of Liberalism for Particularistic and Nationalist Purposes. In *Diaspora and Transnationalism: Concepts, Theories and Methods*, Hrsg. Rainer Bauböck und Thomas Faist, 149–166. Amsterdam: Amsterdam University Press.

Kopp, Judith und Stephan Dünnwald. 2013. Tunesien: Wohlstandsgrenze Mittelmeer. : In *Im Schatten der Zitadelle: Der Einfluss des europäischen Migrationsregimes auf "Drittstaaten"*, Hrsg. Brot für die Welt – Evangelischer Entwicklungsdienst, medico international, Stiftung PRO ASYL/ Förderverein PRO ASYL, 24–29. Berlin.

Koser Khalid. 2003. Long-Distance Nationalism and the Responsible State: The Case of Eritrea. In *International Migration and Sending Countries*, Hrsg. Ewa Østergaard-Nielsen. London: Palgrave Macmillan.

Koser, Khalid und Katie Kuschminder (2015). *Comparative Research on the Assisted Voluntary Return and Reintegration of Migrants*. Genf: International Organization for Migration (IOM).

Krämer, Anna, Elsa Benhöfer und Marianne Sow. 2013. Senegal: Immobilität statt Entwicklung. In *Im Schatten der Zitadelle: Der Einfluss des europäischen Migrationsregimes auf „Drittstaaten"*, Hrsg. Brot für die Welt – Evangelischer Entwicklungsdienst, medico international, Stiftung PRO ASYL/ Förderverein PRO ASYL, 36–41. Berlin.

Krause, Ulrike. 2015a. A Continuum of Violence? Linking Sexual and Gender-Based Violence during Conflict, Flight and Encampment. *Refugee Survey Quarterly* 34, 4: 1–19.

Krause, Ulrike. 2015b. Zwischen Schutz und Scham? Konfliktbedingte Flüchtlingssiedlungen, Gewalt und Geschlechterverhältnisse. *Peripherie – Politik, Ökonomie, Kultur* 35, 138–139: 235–259.

Kreibaum, Merle. 2016. *Build Towns Instead of Camps: Uganda as an Example of Integrative Refugee Policy*. Briefing Paper 19. Bonn: Deutsches Institut für Entwicklungspolitik (DIE).

Kuch, Amelia. 2016. Naturalization of Burundian Refugees in Tanzania: The Debates on Local Integration and the Meaning of Citizenship Revisited. *Journal of Refugee Studies* 30, 3: 468–487.

Kupfer, Meital. 2016 Accessibility and Quality of Education for Refugees: A Case Study of Kyangwali Refugee Settlement. *Independent Study Project (ISP) Collection*, 2346, https://digitalcollections.sit.edu/isp_collection/2346.

Lacomba, Joan und Alexis Cloquell. 2014. Migrants, Associations and Home Country Development: Implications for Discussions on Transnationalism. *New Diversities* 16, 2: 21–37.

Lafleur, Jean-Michel. 2013. *Transnational Politics and the State: The External Voting Rights of Diasporas*. New York: Routledge.

Landau, Loren B., Caroline Kihato Wanjiku, Hannah Postel. 2018. Wie Hilfe Migration begünstigt. Die EU trägt mit ihren Maßnahmenpaketen zur verstärkten Auswanderung aus Afrika bei. IPG – Internationale Politik und Gesellschaft, https://www.ipg-journal.de/regionen/global/artikel/detail/wie-hilfe-migration-beguenstigt-2993/.

Landau, Loren B. und Iriann Freemantle. 2018. 'Shallow Solidarities': Space and Sociabilities of Accommodation and Exclusion in Nairobi and Johannesburg. In *Forging African Communities: Mobility, Integration and Belonging*, Hrsg. Oliver Bakewell und Loren B. Landau, 227–302. London: Palgrave Macmillan.

Lecadet, Clara. 2013. From Migrant Destitution to Self-organization into Transitory National Communities: The Revival of Citizenship in Post-deportation Experience in Mali. In *The Social, Political and Historical Contours of Deportation, Immigrants and Minorities, Politics and Policy*, Hrsg. Bridget Anderson, Matthew J. Gibney, Emanuel Paoletti, 143–158. New York: Springer, 143–158.

Lecadet, Clara. 2018. Deportation, nation state, capital. Between legitimisation and violence. *Radical Philosophy* 2, 3: 29–32.

Lesclingand, Marie und Veronique Hertrich. 2017. When Girls Take the Lead: Adolescent Girls' Migration in Mali. *Population-E* 72, 1.

Levitt, Peggy. 1997. Transnationalizing Community Development: The Case of Migration between Boston and the Dominican Republic. *Nonprofit and Voluntary Sector Quarterly* 26, 4: 509–526.

Long, Katy. 2013. When refugees stopped being migrants: Movement, labour and humanitarian protection. *Migration Studies* 1, 1: 4–26.

Lucht, Hans. 2017. Death of a Gin Salesman. Hope and Despair among Ghanaian Migrants and Deportees Stranded in Niger. In *Hope and Uncertainty in Contemporary African Migration*, Hrsg. Nauja Kleist und Dorte Thorsen, 154–171. New York: Routledge.

Mathews, Gordon. 2016. *Africans in Guangzhou*. GIGA German Institute of Global and Area Studies, Germany & National Institute of Chinese Studies (NICS) of the White Rose East Asia Centre (WREAC), UK.

McLeman, Robert, Jeanette Schade, Thomas Faist.Hrsg. 2016. *Environmental Migration and Social Inequality*. New York: Springer.

Makina, Daniel. 2010. Zimbabwe in Johannesburg. In *Zimbabwe's Exodus: Crisis, Migration, Survival,* Hrsg. Jonathan Crush und Daniel Tevara, 225–243. Cape Town/Ottawa: Southern African Migration Programme/International Development Research Centre.

Maley, William. 2016. *What is a Refugee?* London: Hurst & Company.

Mannik, Lynda. Hrsg. 2016. *Migration by boat: discourses of trauma, exclusion, and survival.* Oxford: Berghahn Books.

Manshard, Walther. 1986. The West African middle belt: Land use patterns and development problems. *Land Use Policy* 3, 4: 304–310.

Massey, Douglas S., Joaquin Arango, Hugo Graeme, Ali Kouaouci, Adela Pellegrino, J. Edward Taylor. 1993. Theories of international migration: a review and appraisal. *Population and Development Review* 3, 19: 431–466.

Mazzucato Valentina. 2011. Reverse remittances in the migration-development nexus: two-way flows between Ghana and the Netherlands. *Population, Space and Place* 17, 5: 454–468.

Mbembe, Achille. 2002. African Modes of Self-Writing. *Public Culture* 14, 1: 239–273.

Mbembe, Achille. 2015. Afropolitanismus. In *Afrikanische politische Philosophie,* Hrsg. Franziska Dübgen und Stefan Skupien, 330–337. Berlin: Suhrkamp, 330–337.

McQuaid, Katie. 2017): 'There is violence across, in all arenas': listening to stories of violence amongst sexual minority refugees in Uganda. *The International Journal of Human Rights* 23, 7: 1 22.

Meillassoux Claude. 1981. *Maidens, Meal and Money*. Cambridge: Cambridge University Press.

Melchers, Konrad, Roger Peltzer, Patrick Wurster. 2003. Königsweg der Entwicklungspolitik – Diasporas als Ressourcen von Entwicklung und Globalisierung, in: *epd-Entwicklungspolitik* 13/2003.

Mercandalli, Sarah, Bruno Losch, Cristina Rapone, Robin Bourgeois, Clara Aida Khalil. 2017. Rural Migration and the New Dynamics of Structural Transformation in Sub-Saharan Africa. In *Rural Africa in motion: Dynamics and drivers of migration South of the Sahara,* Hrsg. Sarah Mercandalli und Bruno Losch, 14–17. Rom: FAO/CIRAD.

Mercandalli, Sarah. 2017. Prevalent, Contrasted Intra-African Migration Patterns and New Territorial Dynamics. In *Rural Africa in motion: Dynamics and drivers of migration South of the Sahara*, Hrsg. Sarah Mercandalli und Bruno Losch, 22–35. Rom: FAO/CIRAD.

Meyer, Jean.-Baptiste. 2011.: A Sociology of Diaspora Knowledge Networks. In *The Migration-Development Nexus: A Transnational Perspective,* Hrsg. Thomas Faist, Margit Fauser, Peter Kivisto, 159–184. Basingstoke: Palgrave Macmillan.

Mezger Cora und Cris Beauchemin. 2014. *The role of international migration experience for investment at home: direct, indirect, and equalising effects in Senegal*. Migrations between Africa and Europe. MAFE Working Paper 12 http://www.ined.fr/fichier/s_rubrique/22089/wp12_mezger.beauchemin_2010.fr.pdf.

Milner, James. 2009. *Refugees, the State, and the Politics of Asylum in Africa*. Basingstoke, UK: Palgrave Macmillan.

Misago, Jean-Pierre. 2016.: Responding to Xenophobic Violence in Post-Apartheid South Africa: Barking Up the Wrong Tree? *African Human Mobility Review* 2, 2: 443–467.

Misereor. 2018. Europa mit schmutzigen Händen – Eindrücke aus Marokko. Misereor Blog. https://blog.misereor.de/tag/marokko/.

Mohamoud, Awil, Alpha Kaloga, und Sönke Kreft. 2014. *Climate change, development, and migration: an African Diaspora perspective*. Bonn: Germanwatch.

Mohan, Giles und Ben Lampert. (Hrsg.) 2014. *Chinese Migrants and Africa's Development: new imperialists or agents of change?* London: Zed books.

Molenaar, Fransje und Floor El Kamouni-Janssen. 2017. *Turning the Tide. The Politics of Irregular Migration in the Sahel and Libya*. Den Haag: Clingendael Institute, CRU Report.

Morales, Laura und Laia Jorba. 2010. The Transnational Links and Practices of Migrants' Organisations in Spain. In *Transnationalism and Diaspora: Concepts, Theories and Methods*, Hrsg. Rainer Bauböck und Thomas Faist, 267–293. Amsterdam: Amsterdam University Press.

Müller, Melanie. 2018 Migrationskonflikt in Niger: Präsident Issoufou wagt, der Norden verliert. In *Migrationsprofiteure? Autoritäre Staaten in Afrika und das europäische Migrationsmanagement*, Hrsg. Anne Koch, Annette Weber, Isabelle Werenfels, 36–46. SWP-Studie 3. Berlin: Stiftung Wissenschaft und Politik, Deutsches Institut für Internationale Politik und Sicherheit.

Musch, Tilman. 2017. Teda drivers on the road between Agadez and Assheggur. Taking over an ancient Tuareg caravan route. In *The Making of the African Road*, Hrsg. Kurt Beck, Gabriel Klaeger, Michael Stasik, 220–240. Brill: Leiden. 220–240.

Nagujja, Yusrah, Hassan Sebugwaawo, Eve Achan (2015). *We never have someone talking to us about these things! Psychosocial Challenges Among Refugee Women and Girls in Nakivale Refugee Settlement*. Kampala, Refugee Law Project.

Nordien, Jasmin. 2017. *Diaspora Building Peace*. ADPC Research Paper. Den Haag: African Diaspora Policy Centre (ADPC).

Nshimbi, Christopher C. 2017. Harnessing Diverse Migrant and Remittance Flows for Development. In *Rural Africa in motion: Dynamics and drivers of migration South of the Sahara*, Hrsg. Sarah Mercandalli und Bruno Losch, 26–7. Rom: FAO/CIRAD, 26–7.

Nyanzi, Stella. 2013. Homosexuality, Sex Work, and HIV/AIDS in Displacement and Post-Conflict Settings. *International Peacekeeping* 20, 4: 450–468.

Okello, J. O. Moses. 2014 The 1969 OAU Convention and the continuing challenge for the African Union. *Forced Migration Review* 48: 70–73.

O'Laughlin, Kelli N., Wei He, Kelsy E. Greenwald, Julius Kasozi, Yuchiao Chang, Edgar Mulogo, Zikama M. Faustin, Patterson Njogu, Rochelle P. Walensky, Ingrid V. Bassett. 2018. Feasibility and acceptability of home-based HIV testing among refugees: a pilot study in Nakivale refugee settlement in southwestern Uganda. *BMC Infectious Diseases* 18, 1: 332.

O'Laughlin, Kelli N., Julius Kasozi, Dustin J. Rabideau, Robert A. Parker, Edgar Mulogo, Zikama M. Faustin, Kelsy E. Greenwald, Sathyanarayanan Doraiswamy, Rochelle P. Walensky, Ingrid V. Bassett. 2017. The cascade of HIV care among refugees and nationals in Nakivale Refugee Settlement in Uganda. *HIV medicine* 18, 7: 513–518.

Okwechime, Iwebunor. 2013. *Environmental Conflict and Internal Migration in the Niger Delta Region of Nigeria.* Working Paper 119, Bielefeld: Center on Citizenship, Migration and Development (COMCAD).

Organization of African Unity (OAU). 1969. *OAU Convention Governing the Specific Aspects of Refugee Problems in Africa.* Addis Abeba: OAU.

Østergaard-Nielsen, Eva. 2003. The Politics of Migrants' Transnational Political Practices. International Migration Review 37, 3:760–786.

Paul, Johanna. 2020. Formen und Kategorisierungen von erzwungener Migration. In *Soziologie der Migration. Eine systematische Einführung*, Hrsg. Thomas Faist, 73–96. Berlin: De Gruyter & Oldenburg, S. 73–96.

Pedraza, Silvia. 2013: Social Protest and Migration. In *The Encyclopedia of Global Human Migration*, Hrsg. Immanuesl Ness, 2783–2790. Chichester, West Sussex: Wiley Blackwell.

Pogge, Thomas. 2011. *Weltarmut und Menschenrechte.* Berlin/New York: De Gruyter.

Polzer, Tara. 2010. Silence and Fragmentation: South African Responses to Zimbabwean Migration. In *Zimbabwe's Exodus: Crisis, Migration, Survival*, Hrsg. Jonathan Crush und Daniel Tevara, 377–399. Cape Town/Ottawa: Southern African Migration Programme/International Development Research Centre.

Ponsot, Frédéric, Donald F. Terry, Bibiana Vásquez und Pedro de Vasconcelos. 2017 *Sending Money Home: Contributing to the SDGs, one family at a time.* Rome: International Fund for Agricultural Development.

Prediger, Sebastian und Franzisca Zanker, Franzisca. 2016. *Die Migrationspolitik der EU in Afrika braucht einen Richtungswechsel. GIGA Focus Afrika*, Nr. 6.https:// http://www.giga-hamburg.de/de/system/files/publications/gf_afrika_1606.pdf.

Pries, Ludger und Zeynep Sezgin. Hrsg. 2012. *Cross-Border Migrant Organisations in Comparative Perspective.* Houndmills, UK: Palgrave.

Prunier, Gérard. 2010. *Africa's World War: Congo, the Rwanda Genocide, and the Making of a Continental Catastrophe.* Oxford: Oxford University Press.

Record, Richard und Abdu Mohiddin. 2006. An economic perspective on Malawi's medical "brain drain". *Global Health* 2: 12. https://doi.org/10.1186/1744-8603-2-12.

Refugee Law Project. 2006. *Critique of the Refugee Act.* Kampala: Refugee Law Project.

Research and Evidence Facility. 2017. *Migration Between the Horn of Africa and Yemen: A Study of Puntland, Djibouti and Yemen.* London/Nairobi: EU Trust Fund for Africa (Horn of Africa Window) Research and Evidence Facility.

Rex, John, Danièla Joly, Czarina Wilpert. 1987. *Immigrant Associations in Europe.* Aldershot: Gower.

Richmond, Anthony. 1993. Reactive Migration: Sociological Perspectives on Refugee Movements. *Journal of Refugee Studies* 6, 1: 7–24.

Richter, Line. 2016. On the Edge of Existence: Malian Migrants in the Maghreb. *Culture Unbound: Journal of Current Cultural Research* 8: 74–87.

Ruben, Ruerd, Marieke van Houte, Tine Davids. 2009. What Determines the Embeddedness of Forced Return Migrants? Rethinking the Role of Pre- and Post-Return Assistance. *International Migration Review* 43, 4: 908–937.

Sachverständigenrat deutscher Stiftungen für Integration und Migration (2020). *Gemeinsam gestalten: Migration aus Afrika nach Europa.* Jahresgutachten 2020. Berlin: SVR.

Sassen, Saskia. 2014. *Expulsions: Brutality and Complexity in the Global Economy.* Cambridge: Belknap Press of Harvard University Press.

Schalit, Chloe. 2018. *Looking Beyond Primary: A Study of Barriers to Secondary Education in Kiryandongo Refugee Settlement, Uganda.* Independent Study Project (ISP) Collection, 2888. https://digitalcollections.sit.edu/isp_collection/2888.

Schapendonk, Joris. 2012. Turbulent trajectories: African migrants on their way to the European Union. *Societies* 2, 2: 27–41.

Schapendonk, Joris. 2018. Navigating the migration industry: migrants moving through an African-European web of facilitation/control. *Journal of Ethnic and Migration Studies* 44, 4: 663–679.

Schmidt, Kerstin. 2020. Formen und Kategorisierungen von Migration. In *Soziologie der Migration. Eine systematische Einführung,* Hrsg. Thomas Faist, 55–72. Berlin: De Gruyter & Oldenbourg.

Schmieg, Evita. 2020. *Die Afrikanische Freihandelszone. Perspektiven für Afrika und die europäische Politik.* SWP-Aktuell 2020/A 12, Februar 2020. https://doi.org/10.18449/2020a12.

Schrenk, Friedemann. 2016. *Die Frühzeit des Menschen. Der Weg zum Homo sapiens.* 8. Auflage. München: C. H. Beck.

Schultz, Susanne. (2020) *Neue Impulse für die deutsche Migrationszusammenarbeit mit Afrika (Policy Brief Migration).* Gütersloh: Bertelsmann Stiftung, https://www.bertelsmann-stiftung.de/fileadmin/files/Projekte/Migration_fair_gestalten/IB_Policy_Brief_2020_Migrationspartnerschaften.pdf.

Schultz, Susanne U. 2019. Unfulfilled Expectations for Making a Better Life: Young Malian men coping with their post deportation adventures. *Cadernos De Estudos Africanos* 37: 159–181.

Schultz, Susanne U. 2018. Zurück auf Los!? – Abschiebungen als Teil der europäischen Migrationskontrollpolitik in Afrika. Kurzdossier „Zuwanderung, Flucht und Asyl: Aktuelle Themen", *focus MIGRATION*, Institut für Migrationsforschung und Interkulturelle Studien (IMIS), Universität Osnabrück und Bundeszentrale für Politische Bildung (BPB), 9.3.2018, http://www.bpb.de/gesellschaft/migration/kurzdossiers/265839/abschiebungen-nach-afrika. Zugegriffen 20.02.2019.

Sheffer, Gabriel. 2003. *Diaspora Politics: At Home Abroad.* Cambridge: Cambridge University Press.

Shen, Shawn und François Gemenne. 2011 Contrasted Views on Environmental Change and Migration: The Case of Tuvaluan Migration to New Zealand. *International Migration 49,* S. e224–e242.

Smith, Stephen. 2018 *Nach Europa!: Das junge Afrika auf dem Weg zum alten Kontinent.* Berlin: Edition.fotoTAPETA.

Soukouna, Sadio. 2012. *L'Échec d'une coopération franco malienne sur les migrations: les logiques du refus malien de signer.* Recueil Alexandries. Collections Masters. URL: http://www.reseau-terra.eu/article1238.html.

Speitkamp, Winfried. 2009 *Kleine Geschichte Afrikas.* 2. Auflage. Stuttgart: Reclam.

Stark, Oded. 1991. *The Migration of Labor.* Oxford: Basil Blackwell.

Stark Oded. 2004. Rethinking the brain drain. *World Development* 32, 1: 15–22

Stock, Inka. 2012. Gender and the dynamics of mobility: reflections on African migrant mothers and 'transit migration' in Morocco. *Ethnic and Racial Studies* 35, 9: 1577–1595.

Stojanov, Robert und Wadim Strielkowski. 2013. The Role of Remittances as More Efficient Tool of Development Aid in Developing Countries. *Prague Economic Papers* 22, 4:487–503.

Summers, Hannah. 2017. 'The refugees are like our brothers': Uganda's example to the world – in pictures. *The Guardian*, https://www.theguardian.com/global-development/gallery/2017/jun/21/refugees-like-our-brothers-uganda-example-to-world-in-pictures.

Sylla, Almamy und Susanne U. Schultz. 2019. Commemorating the deadly other side of externalized borders through "migrant-martyrs", sacrifices and politizations of (irregular) migration on the international migrants' day in Mali. *Comparative Migration Studies* 8, 1: 1–17.

Sylla, Almamy und Susanne U. Schultz. 2019. Mali: Abschiebungen als postkoloniale Praxis. *PERIPHERIE – Politik – Ökonomie – Kultur* 39, 3: 389–411.

Tetzlaff, Rainer. 2019. Afrika – ein Kontinent in Bewegung in unterschiedliche Richtungen Herausforderungen, Krisen und Lösungsansätze, In: *Sicherheits- und Friedensordnungen in Afrika. Nationale und regionale Herausforderungen*, Hrsg. Hans-Georg Ehrhart und Michael Staack, 17–44. Baden-Baden: Nomos.

Thela, Lindokuhle, Andrew Tomita, Varsha Maharaj, Mpho Mhlongo und Jonathan K. Burns. 2017. Counting the cost of Afrophobia: Post-migration adaptation and mental health challenges of African refugees in South Africa. *Transcultural Psychiatry* 57: 715–732.

The World Bank Group. 2016. *An Assessment of Uganda's Progressive Approach to Refugee Management*. Washington D. C.: World Bank.

Thorsen, Dorte. 2017. Is Europe really the dream? Contingent paths among sub-Saharan migrants in Morocco. Africa 47, 2: 343–361.

Todaro. Michael P. 1970. Migration, unemployment and development: a two-sector analysis. *American Economic Review* 60, 1:126–42.

Traoré, Kassim. 19 décembre 2016. *Le Mali dément catégoriquement tout accord de réadmission avec l'UE. Voa Afrique*. https://www.voaafrique.com/a/le-mali-dement-categoriquement-tout-accord de readmission avec ue/3642156.html.

Turner, Simon. 2007. Burundians in Belgium: Constructing, Performing and Contesting Diaspora. In *Living Across Worlds: Diaspora, Development and Transnational Engagement* Ninna Nyberg Sørensen (Ed.), *Living Across Worlds: Diaspora, Development and Transnational Engagement* (pp. 61–82). Genf: International Organization of Migration (IOM).

Unger, Michael. 2019. *Uganda : Paradies für Flüchtlinge*. ARTE Reportage, https://www.arte.tv/de/videos/082624-000-A/uganda-paradies-fuer-fluechtlinge/.

UNHCR. 2017. *Global Trends: Forced Displacement in 2016*. Genf: United Nations High Commissioner on Refugees (UNHCR).

UNHCR. 2017a. *Global Trends. Forced Displacement in 2016*. Genf: UNHCR.

UNHCR. 2017b. *SOUTH SUDAN SITUATION. Regional overview of population of concern*. O. O., UNHCR.

UNHCR. 2016. *Global Trends. Forced Displacement in 2015*. Genf: UNHCR.

UNHCR. 2015. UNHCR Statistical Yearbook 2014. Genf: UNHCR.

UNHCR. 2014. UNHCR Statistical Yearbook 2013. Genf: UNHCR.

UNHCR. 2013a. UNHCR Statistical Yearbook 2012. Genf: UNHCR.

UNHCR. 2013b. UNHCR Statistical Yearbook 2013. Genf: UNHCR.
UNHCR. 2012. UNHCR Statistical Yearbook 2011. Genf: UNHCR.
UNHCR. 2011. UNHCR Statistical Yearbook 2010. Genf: UNHCR.
UNHCR. 2010. UNHCR Statistical Yearbook 2009. Genf: UNHCR.
UNHCR. 2009. UNHCR Statistical Yearbook 2008. Genf: UNHCR.
UNHCR. 2008. UNHCR Statistical Yearbook 2007. Genf: UNHCR.
UNHCR. 2007- 2006 : Geneva: UNHCR.
UNHCR. 2006. *2005 Global Refugee Trends: Statistical Overview of Populations of Refugees, Asylum-seekers, Internally Displaced Persons, Stateless Persons, and Other Persons of Concern to UNHCR.* Geneva; UNHCR.
UNHCR. 2005. *2004 Global Refugee Trends: Overview of Refugee Populations, New Arrivals, Durable Solutions, Asylum-Seekers, Stateless and Other Persons of Concern to UNHCR.* Geneva: UNHCR.
UN Office of the High Commissioner for Human Rights/African Union: 2017. *The Human Rights Situation of Internally Displaced Persons in Darfur 2014–2016.* Genf: UN Office of the High Commissioner for Human Rights/African Union.
Vanore, Michaella. 2018. *Diaspora als Impulsgeberin für Entwicklung.* https://www.bpb.de/gesellschaft/migration/kurzdossiers/262806/diaspora-als-impulsgeberin-fuer-entwicklung.
Vigh, Henrik Erdmann. 2015. Mobile Misfortune. Culture Unbound: *Journal of Current Cultural Research* 7: 233–53.
Walther, Olivier.2014. Trade networks in West Africa: A social network approach. *The Journal of Modern African Studies* 52, 2:179–203.
Watera, Winnie, Claire Seremba, Ivan Otim, Donnas Ojok, Bernhard Mukhone, Anna Hoffmann. 2017. *Uganda's Refugee Management Approach within the EAC Policy Framework.* Kampala: Konrad-Adenauer-Stiftung.
Weber, Max. 1980. [1922]. *Wirtschaft und Gesellschaft. Grundriß der verstehenden Soziologie.* 5. Aufl. Tübingen: J.C.B. Mohr (Paul Siebeck).
Welsch, Wolfgang. 2010. Was ist eigentlich Transkulturalität? In *Hochschule als transkultureller Raum? Kultur, Bildung und Differenz in der Universität*, Hrsg. Lucyna Darowska, Thomas Lüttenberg und Claudia Machold, 39–66. Bielefeld: transcript.
Weltbank. 2017. *Rural population* (% of total population). https://data.worldbank.org/indicator/SP.RUR.TOTL.ZS?end=2016&start=1960&year_high_desc=true.
Whitehouse, Bruce. 2012 *Migrants and Strangers in an African City: Exile, Dignity, Belonging.* Bloomington, IN: Indiana University Press.
Wiedemann, Charlotte. 2018. *Viel Militär, weniger Sicherheit. Mali – fünf Jahre nach Beginn der Intervention.* E-Paper. Heinrich Böll Stiftung. https://www.boell.de/sites/default/files/e-paper-mehr-militaer-weniger-sicherheit-mali-fuenf-jahre-intervention.pdf?dimension1=division_af.
Wissink, Marieke, Franck Düvell, Valentina Mazzucato. 2017. The evolution of migration trajectories of sub-Saharan African migrants in Turkey and Greece: The role of changing social networks and critical events. *Geoforum* Juni 2017. 10.1016/j.geoforum.2017.12.004
Zanker, Franzisca, Judith Altrogge, Kwaku Arhin-Sam, Leonie Jegen. 2019. *Challenges in EU-African Migration Cooperation: West African Perspectives on Forced Return*, MEDAM.

ze.tt. 2017. *Das sind 2017 die am schnellsten wachsenden Volkswirtschaften.* https://ze.tt/das-sind-2017-die-am-schnellsten-wachsenden-volkswirtschaften/.

Zelinsky, Wilbur. 1971. The hypothesis of the mobility transition. *Geographical Review,* 61, 2: 219–249.

Zolberg, Aristide R., Astri Suhrke, Sergio Aguayo. 1989. *Escape from Violence: Conflict and the Refugee Crisis in the Developing World.* New York: Cambridge University Press.

Zunzer, Wolfram. 2004. *Diaspora Communities and Civil Conflict Transformation – Diasporagemeinschaften und zivile Konflikttransformation.* Berlin: Berghof Stiftung.

FSC
www.fsc.org
MIX
Papier | Fördert gute Waldnutzung
FSC® C083411

Kolibri 360 GmbH
Ferdinand-Jühlke-Straße 7
99095 Erfurt, Deutschland
produktsicherheit@kolibri360.de